BECK'SCHE TEXTAUSGABEN

Straßenverkehrs-Ordnung

StVO
Straßenverkehrs-Ordnung

Textausgabe

mit einer Einführung von

Konrad Bauer

Abteilungspräsident a. D. der Bundesanstalt
für Straßenwesen

13., neu bearbeitete Auflage

Stand: 1. November 2017

C.H.BECK

www.beck.de

ISBN 978 3 406 71764 2

Wilhelmstraße 9, 80801 München
Druck und Bindung: Beltz Bad Langensalza GmbH
Am Fliegerhorst 8, 93947 Bad Langensalza

Satz: Druckerei C. H. Beck, Nördlingen
(Adresse wie Verlag)

Gedruckt auf säurefreiem, alterungsbeständigem Papier
(hergestellt aus chlorfrei gebleichtem Zellstoff)

Inhaltsverzeichnis

Einführung zur Straßenverkehrs-Ordnung

Straßenverkehrs-Ordnung – StVO –

vom 6. März 2013

Inhaltsverzeichnis

Einführung zur Straßenverkehrs-Ordnung

von

Konrad Bauer
Abteilungspräsident a. D. der Bundesanstalt für Straßenwesen,
Bergisch Gladbach

0. Aktuelle Änderung

Am 21. September 2012 hat der Bundesrat der Neufassung der StVO ohne Gegenstimmen zugestimmt, so dass sie nach vielen rein textlichen Änderungen am 1. April 2013 in Kraft treten konnte. Die über vierjährige Verhandlung zwischen Bundesverkehrsministerium (hier abgekürzt BMV) und den Ländervertretern hat dazu geführt, dass der überarbeitete Text noch schwerer verstehbar ist als es der alte war (vgl. Konrad Bauer Der Spiegel 24-2014-Leserbrief „Wer zu Fuß geht, gehe."). Nachdem nunmehr keine grundsätzlichen Probleme auf dem Gebiet der StVO zu bewältigen sind, und die neu aufgetauchten verkehrsrechtlichen Probleme überschaubar waren, konnten sich BMV und Ländervertreter weiter der Ziselierung des Straßenverkehrsrechts widmen. In seinem Apotheken-Urteil hat das BVerfG zwar schon 1958 postuliert, dass ein Gesetz (entsprechend eine Verordnung) für den Bürger verstehbar formuliert sein muss. Dies ist generell zwar schwer durchsetzbar; bei der StVO jedenfalls wäre dies möglich und im hohen Grade wünschenswert. Dennoch versteigen sich BMV und Bundesrat im Verkehrsrecht in Formalismen, die rechtlich nicht erforderlich sind und von keinem Bürger mehr nachvollziehbar sind. Dies beginnt bei der jeweiligen „Einnistung" einer gesetzlichen Ermächtigungsgrundlagen in das Straßenverkehrsgesetz, setzt sich über den großen, an mittelalterliche Stammbaummalereien gemahnenden Umfang des Zitierens dieser gesetzlichen Ermächtigungsgrundlage fort, und findet leider in dem zeilenlangen Zitieren von EU-Formulierungen im Verordnungstext noch nicht sein Bewenden. Es mussten auch noch die Umständlichkeiten der geschlechtsneutral gefassten Bestimmungen übernommen werden. Nicht nur auf den Bereich des BMV beschränkt, aber dennoch änderungsbedürftig sind außerdem die jeweiligen Anpassungen aller entsprechenden gesetzlichen Regelungen, sobald ein Ministerium, also auch das BMV, wieder mit einem neuen Namen versehen wird.

Neuerungen fanden in die StVO insbesondere durch die Förderung der Elektromobilität Eingang[1] und durch die Ausweitung des Benutzungsverbots von Handys auf jegliche technische Geräte, die von der Konzentration auf den Straßenverkehr ablenken können; das Bestreben, eine möglichst große Einzelfallgerechtigkeit zu erreichen, führt zu einer sehr umfangreichen Änderung.[2] Verfeinert wurde das Instrumentarium außerdem beim Radfahren mit und ohne E-Motor, wobei natürlich die Vielfalt des Lebens bei der Radwegebenutzung noch viele Varianten für Regelungen in der weiteren Zukunft offen lässt.

Diese angedeutete Entwicklung löst nicht die Hauptprobleme der StVO-Anwendung:

- Die StVO-Bestimmungen sind bei den Verkehrsteilnehmern zu wenig bekannt.
- Die StVO-Bestimmungen werden von den Verkehrsteilnehmern zu wenig beachtet.
- Die Flut an angeordneten und aufgestellten Verkehrszeichen schwillt nahezu ungebrochen an.

1. Allgemeines

a) Generelle Situation. Die in Deutschland geltende Straßenverkehrs-Ordnung – abgekürzt „StVO“ – ist eine wesentliche rechtliche Grundlage für die Regelung des öffentlichen Verkehrs auf den Straßen, Wegen und Plätzen. Diese Regelung erfolgt mit dem Ziel, den Verkehr möglichst sicher und gefahrlos, wenig behindernd und wenig belästigend für die Verkehrsteilnehmer und Dritte und gleichzeitig so optimal wie möglich sicher zu stellen. Sie hat eine außergewöhnliche Bedeutung und übertrifft in ihrer Breitenwirkung die der meisten Gesetze in Deutschland.

Wesentliche Regelungen der StVO sind wohl jedem Einwohner unseres Landes bekannt, sobald er beginnt, aktiv am Straßenverkehr teilzunehmen. Grundregeln werden ihm von den Eltern, im Kindergarten, in der Schule, von Automobil- und Fahrrad-

---

1) Siehe S. 82.
2) Siehe S. 65.

clubs und durch das soziale Umfeld, später durch Fahrschulen beigebracht. Zu den in der StVO enthaltenen Grundregeln gehören etwa:

- Der Verkehrsteilnehmer soll sich ständig vorsichtig verhalten, soll auf die anderen Verkehrsteilnehmer achten und ihnen gegenüber Rücksicht nehmen, sie nicht schädigen, gefährden oder mehr, als nach den Umständen unvermeidbar, behindern oder belästigen.
- Vor dem Queren einer Straße soll sich der Verkehrsteilnehmer vergewissern, ob dies gefahrlos erfolgen kann.
- Der Verkehrsteilnehmer soll den Teil der Straße nutzen, der für seine Verkehrsart vorgesehen ist; der Fußgänger soll also z. B. einen Gehweg benutzen, wenn entlang einer Straße ein Gehweg vorhanden ist.
- Der Verkehrsteilnehmer soll seine eigene Geschwindigkeit den jeweiligen Verkehrsbedingungen anpassen.
- Vor einer Lichtsignalanlage (herkömmlich als „Verkehrsampel" bezeichnet) muss der Verkehrsteilnehmer anhalten, wenn sie „Gelb" oder „Rot" anzeigt.
- Der Verkehrsteilnehmer soll sich auf den Verkehr konzentrieren. Alle Lebenslagen, die dem entgegenstehen, soll er vermeiden und z. B. verzichten auf Alkohol- und sonstigen Drogengenuss unmittelbar vor oder während des Fahrens sowie auf Telefonieren und andere Handlungen während des Fahrens, die ähnliche beeinträchtigende Wirkungen haben können.

Selbst wenn diese grundlegenden Gesichtspunkte nicht vom Verordnungsgeber geregelt wären, würde jeder verständige Verkehrsteilnehmer aus dem Trieb zur Selbsterhaltung im Straßenverkehr früher oder später diese Grundsätze beachten.

Es sind aber auch Regelungen für Situationen im Verkehr aufgenommen worden, die möglicherweise in anderen Ländern nicht erforderlich wären, weil dort eine andere Verhaltensweise gegenüber Mitbürgern im Verkehr üblich ist oder weil dort erheblich weniger dichter Verkehr ist. Dass die StVO auch sehr spezielle Regelungen trifft, trägt jedenfalls der Tatsache Rechnung, dass in Deutschland häufig

- der jeweilige Verkehrsteilnehmer beim Zusammentreffen auf der Verkehrsfläche gegenüber den anderen Verkehrsteilnehmern darauf beharrt, sein ihm zustehendes Recht ohne Rücksicht auf diese anderen Verkehrsteilnehmer voll auszuschöpfen (Rechthaberei),

- bei eintretenden Unfällen auch in Fällen von sehr geringen Schäden Rechtsansprüche geltend gemacht werden, die oft Dank des ausufernd ausgebauten Rechtsschutz- und Rechtschutzversicherungssystems Auseinandersetzungen vor Gericht zur Folge haben (Prozesshanseltum),
- die deutschen Gerichte (gelegentlich in drei Instanzen) bereit sind, in enger Auslegung der Begriffe „Rechtsstaats- und Rechtsschutzgarantie" sich mit Geringfügigkeiten zu beschäftigen und damit in die Planungskompetenz der örtlichen oder regionalen Verwaltungen empfindlich einzugreifen. Als negatives Beispiel hierfür möge das Urteil vom 18.11.2010 Az 3C42.09 gelten, in dem sich das BVerwG damit beschäftigt, ob der planende Landkreis Regensburg in die schützenswerten Rechte eines Bewohners einer kleinen Gemeinde eingegriffen hat, weil dieser – falls er Rad fährt – den neu angelegten Geh- und Radweg benutzen muss, nicht aber die parallel dazu verlaufende, 5,5 m breite Gemeindeverbindungsstraße benutzen kann. In vielen europäischen Nachbarstaaten, denen man gern auch die Rechtsstaatlichkeit bescheinigt, verzichten die Gerichte auf Ähnliches „Ich aber weiß es besser".

Wenn auch in Deutschland in den letzten Jahrzehnten eine positive Entwicklung beim defensiven Fahren festgestellt werden kann, ist in vielen anderen Staaten die Fahrkultur mehr von der Rücksichtnahme und vom Verständnis gegenüber den anderen Verkehrsteilnehmern geprägt; möglicherweise auch wegen der oft weit gravierenderen Sanktionen bei Verstößen als in Deutschland. So ereignen sich in den so genannten SUN – Ländern (**S**chweden, **U**nited Kingdom, **N**iederlande), aber auch in Norwegen, in der Schweiz, in Dänemark und Japan pro Einwohner jährlich erheblich weniger Verkehrsunfälle mit Todesfolge und auch Unfälle mit sonstigen schweren Folgen als in Deutschland. Siehe nachfolgende Graphik:

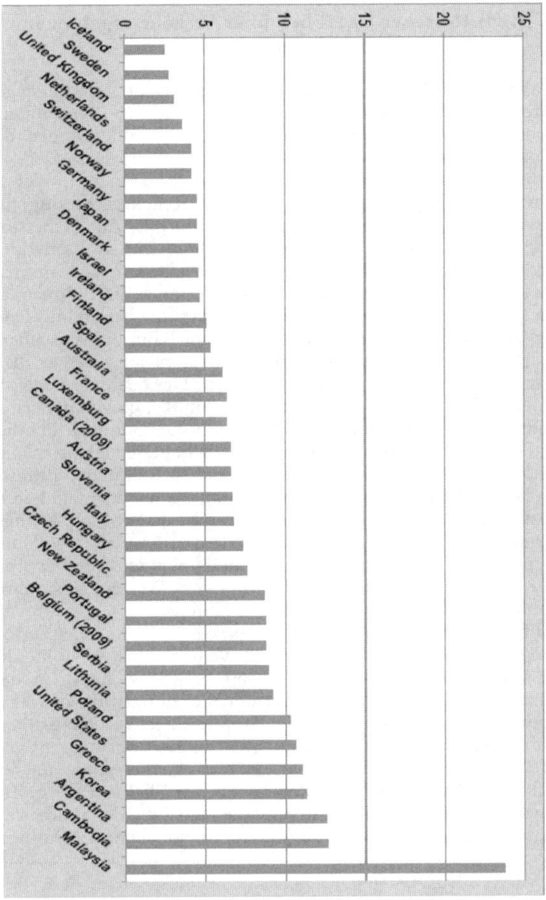

Road fatalities per 100 000 population in 2010

IRTAD Annual Report 2011, ITF Januar 2012

2. Historischer Überblick über Verkehrsregelungen in Deutschland

a) Notwendigkeit von Verkehrsregelungen. Verkehrsregelungen sind dort nötig, wo der Verkehr ohne diese Regelungen nicht von statten gehen könnte oder wo Behinderungen der Verkehrsteilnehmer vermieden werden sollen. Besonders in dichter besiedelten Gegenden, insbesondere in Städten, oder an sonstigen Verkehrsengpässen sind deshalb Regelungen nötig, um zu vermeiden, dass dort nur das Faustrecht gilt. Zur Sicherstellung des Verkehrsflusses in der antiken Millionenstadt Rom durften deshalb nach der wohl von Caesar im Jahr 45 v. Chr. initiierten Lex Iulia municipalis[3)] z. B. die Lebensmittel auf Fuhrwerken nur bei Dunkelheit angeliefert werden; tagsüber bestand für Lasttransporte innerhalb der Mauern der Stadt Rom ein weitgehendes Fahrverbot. Der Transport von Baumaterialien z. B. war allerdings von diesem Verbot ausgenommen. Der Sachsenspiegel, in dem der sächsische Rechtsexperte Eike von Repgow in der ersten Hälfte des 13. Jahrhunderts das bis dahin nur mündlich überlieferte Recht aus einem großen Teil des heutigen Deutschlands niedergeschrieben hat und das vereinzelt bis zum Inkrafttreten des BGB im Jahr 1900 Anwendung fand, enthält ebenfalls bereits Festlegungen zum Verkehr. So führt er aus, dass auf sog. Königswegen der leere Wagen dem geladenen aus-weichen soll und ebenfalls der Gehende dem Reitenden. Für den Verkehr über eine Brücke hingegen galt der Grundsatz: Wer zuerst kommt, mahlt zuerst, bzw. darf zuerst darüber fahren.

Ebenfalls damals schon war geregelt, dass im Falle einer Verfolgung jeder Wagen auf einem engen Weg „stillhalten" sollte, bis die Verfolgenden vorüber sind (II. 60. § 3). In vielen deutschen Städten wurden bereits im Mittelalter Regelungen für den Straßenverkehr getroffen: so z.B. regelte die Reichsstadt Nürnberg mit der Verordnung vom 1. Januar 1320 „Swer der stat reht verfurt …" nähere Einzelheiten dazu, wie sich Fuhrleute auf den städtischen Straßen zu verhalten haben. Im Blick auf die größer gewordenen Bevölkerungszahl und die Zunahme des Straßenverkehrs nahm auch die Regelungsdichte zu, vor allem für Großver-

---

[3)] Auch: „TABVLA HERACLEENSIS" Deutschsprachiger Text: Freis, Helmut, Historische Inschriften zur römischen Kaiserzeit, Darmstadt, S. 75 bis 85, dort bezeichnet: „Gesetze, die für Heraclea/Süditalien übernommen wurden".

anstaltungen wie z.B. anlässlich der „Blanchardischen Luftfahrt“[4] Auch die Territorialstaaten mussten natürlich Regelungen treffen.

b) Regelungen im Preußischen Allgemeinen Landrecht. So hat das 1794 in den preußischen Teilstaaten eingeführte Allgemeine Landrecht – das aber nur galt, wenn in dem Teilstaat keine besondere rechtliche Bestimmung für diesen Regelungsbereich eingeführt war – verkehrsregelnde Bestimmungen für das Ausweichen bei Gegenverkehr und beim Überholverkehr enthalten. Der Andere sollte nicht an dem „gleichmäßigen Gebrauche des Weges“ gehindert werden, „noch um Zänkereien oder gar Thätlichkeiten über das Ausweichen Anlaß zu geben“. Es sind insbesondere Vorfahrtbestimmungen für die Post(kutschen) enthalten, die ihre Wirksamkeit entfalten, „sobald der Postillion ins Horn stößt“. Ähnliche Bestimmungen enthält z. B. auch das 30 Jahre früher erlassene spezielle Gesetz für die Straßenunterhaltung in der preußischen Grafschaft Mark[5] im heutigen Westfalen. § 81 postuliert dort außerdem – wie auch das ALR – das Rechtsfahrgebot bei Begegnungen. An den Wegkreuzungen sollten „Handweiser gesetzet und an deren Arme die Orte, wohin sie führen und die Distanzien eingeschnitten und mit Farbe ausgezeichnet werden.“ In der napolionischen Zeit wurden dann ausführlichere Gesetze auch bzgl. des Verkehrs erlassen. Man muss sich allerdings keine zu großen Verkehrsbewegungen auf den Straßen vorstellen. So war die Straße zwischen Nürnberg und Fürth im Jahr 1822 die am meisten befahrene Straße im Königreich Bayern mit täglich 40 bis 50 Fahrzeugen; so Gerhard Pfeiffer Zur Geschichte der Nürnberg-Fürther Straße; Seite 22; Nürnberg 1958. Zum Vergleich: Im Jahr 2015 fuhren auf der BAB A3 Köln–Heumar mehr als 171.000 Fahrzeuge am Tag.

In ganz Deutschland war in der 2. Hälfte des 19.Jahrhunderts das Interesse am Straßenverkehr und Straßenbau zu Gunsten des sich rapide entwickelnden Eisenbahnwesens und der Binnenschifffahrttransporte zurückgegangen, obwohl noch in dem vorgenannten, vom preußischen König Friedrich II unterzeichneten Gesetz der Grafschaft Mark an mehreren Stellen die Wichtigkeit des Straßenbaus betont wird. Wegen der insgesamt zurückge-

[4] Decretum in Senatu den 29ten October 1787, Stadtarchiv Nürnberg.

[5] Chaussee-Reglement für die Grafschaft Mark vom 7. Januar 1769; Gesetzestext zitiert nach Alfred Bruns: Die Straßen im Südlichen Westfalen. Münster 1992 Seite 21 ff.

henden Bedeutung des Straßenverkehrs hat z. B. Preußen mit Erlass der sog. Dotationsgesetze 1875 sogar die Zuständigkeit für Bau und Unterhaltung der Fernstraßen auf seine Provinzen übertragen;[6] Diese generelle Einschätzung der Bedeutung des Straßenverkehrs hatte auch Auswirkung auf die Regelungen im 1871 neu gegründeten Reich. Während in der neuen Reichsverfassung sieben Artikel über das Eisenbahnwesen[7] und mehrere Artikel über die Marine enthalten waren, gibt es zum Straßenverkehr nur marginale Zuständigkeiten für das Reich. In der Auflistung des Artikels 4 der Reichsverfassung 1871 ist lediglich in Nr. 8 vorgesehen, dass ... „die Herstellung von Land- und Wasserstraßen im Interesse der Landesvertheidigung und des allgemeinen Verkehrs" der „Beaufsichtigung seitens des Reichs und der Gesetzgebung derselben" unterliegen. Diese Beaufsichtigung wurde trotz des gewaltigen wirtschaftlichen Aufschwungs nach der Reichsgründung 1871 und der damit verbundenen Zunahme des Verkehrs und der Erfindung von motorgetriebenen Straßenfahrzeugen viele Jahre nicht mit dem Ziel einer einheitlichen Handhabung im Reich wahrgenommen. Der Begriff „Verkehr" und heutzutage damit zusammenhängende Begriffe im heutigen umfassenden Sinne existierte nicht; im 17bändigen Meyers Konversationslexikon[8] wurde z.B. unter dem Begriff „Fahrrad" das „Daimlers Motorvierrad" aufgeführt; die Begriff „Chaussee" und „Straße" ist hierin nicht oder nur marginal erörtert und es wird nur auf den Begriff „Straßenbau" verwiesen. Die Verkehrsgesetzgebung erfolgte durch die Länder bzw. durch die Länderverwaltungsbehörden mit „Polizeiverordnungen oder -anordnungen". Im Vergleich hierzu: Frankreich, das sich bereits in den Zeiten des Merkantilismus im 18. Jahrhundert zentral intensiv um den Straßenbau und damit auch um den Straßenverkehr kümmerte, hatte schon im Jahr 1899 eine landeseinheitliche Straßenverkehrsordnung.

Zwanzigstes Jahrhundert. Im ersten Jahrzehnt des 20. Jahrhundert trat dann ein großer Wandel ein; so wird im Supplementband 1900/1901 zum vor genanntem Lexikon zum Begriff „Motorwagen" ausgeführt: „Während wir vor drei Jahren nur drei Motorwagenfabriken hatten, sind bis jetzt allein in Deutsch-

---

[6] Vgl. Hierzu auch Otto, Kurt Das Verkehrswesen der preußischen Provinzen, Stuttgart/Berlin 1939.

[7] Reichsverfassung vom 16.4.1871 Artikel 41–47 RGBl. S. 64.

[8] 5. Auflage ab 1892; hier Band 6 von 1894.

land 100 Unternehmungen entstanden ...", der Kfz-Bestand nahm von ca. 1.500 Kfz um 1900, auf ca. 64.000 im Jahr 1914 zu.[9] Den Straßenverkehr betreffende generelle Bestimmungen wurden deshalb erforderlich. Das Land Preußen hat 1901 die erste „Polizeivorschrift für den Kraftfahrzeugverkehr" erlassen, in der überwiegend Regelungen für die Kennzeichnung der Fahrzeuge und die Haftung des Kfz-Fahrers getroffen waren. Fünf Jahre später beschlossen die durch den Bundesrat repräsentierten deutschen Länder „Grundzüge, betreffend den Verkehr mit Kraftfahrzeugen". Die Grundlage eines Musterentwurfs hierfür wurde vom Reichsjustizamt, also quasi dem damaligen Justizministerium des Reichs, ausgearbeitet. Anhand dieser „Grundzüge" haben alle deutschen Länder dann mit Wirkung vom 1. 10. 1906 entsprechende Gesetze oder Verordnungen erlassen. Auf diesen Grundlagen fußend wurde schließlich 1909 das KFG – das Gesetz über den Verkehr mit Kraftfahrzeugen im Deutschen Reich – eingeführt (das Kaiser Wilhelm II übrigens am 3. Mai 1909 in Achilleion, Corfu, „mit Unserer höchsteigenhändigen Unterschrift gegeben" hat). Alle Länder hatten im Bundesrat dem Gesetzentwurf zugestimmt, und so konnte das Reichsgesetz verabschiedet werden, obwohl möglicherweise die Länder für die Gesetzgebung zuständig waren. Es traf Regelungen für die Kfz-Zulassung, den Führerschein und – sehr ausführlich – über die Haftung bei Schäden. Diese Haftungsbestimmungen gingen weiter als die Bestimmungen des erst im Jahr 1900 neu eingeführten BGB, in dem eigentlich die Haftung bei „unerlaubter Handlung" umfassend geregelt sein sollte. Die Materie der heutigen StVO wurde lediglich in § 21 unter der Überschrift „III. Strafvorschriften" wie folgt angesprochen:

„Wer den zum Erhalt der Ordnung und Sicherheit auf den öffentlichen Wegen und Plätzen erlassenen polizeilichen Anordnungen über den Verkehr mit Kraftfahrzeugen zuwiderhandelt, wird mit Geldstrafe bis zu einhundertfünfzig Mark oder mit Haft bestraft."

Polizeilichen Anordnungen in diesem Sinne, also Anordnungen der damaligen Verwaltungsbehörden, konnten nur solche von Länder- oder Kommunalverwaltungen sein. Anordnungen des Reichs, wie sie später die RStVO vorsah, gab es damals zunächst nicht.

---

[9] Zahlen aus VDMI-AMZ-News Juli-August 2002 Automobile Zeitgeschichte.

Allerdings erklärt die im Jahr darauf, also 1910, erlassene „Verordnung über den Verkehr mit Kraftfahrzeugen" in ihrem § 2, dass für den Verkehr mit Kfz „sinngemäß die den Verkehr von Fuhrwerken oder von Fahrrädern auf öffentlichen Wegen und Plätzen allgemein regelnden Vorschriften" gelten. Noch immer hatten also diese Verkehrsarten in Deutschland die weit größere Bedeutung. Die in dieser (neuen) Verordnung enthaltenen – wenigen – auf den Straßenverkehr bezogenen Vorschriften in den §§ 15 bis 21 gingen allerdings den Länderbestimmungen vor. Hier sind besondere Pflichten des Kraftfahrers („Führers") aufgeführt, so etwa das Einhalten der Innerortsgeschwindigkeit von 15 km/h, Regelungen zum Überholen, Hup-Vorschriften (u. a. auch durch Fanfarentrompete) und das Rechtsfahrgebot insbesondere in unübersichtlichen Kurven und beim Abbiegen. Große Bedeutung hatte dabei die Rücksichtnahme auf scheuende Pferde oder andere Tiere vor dem Kraftfahrzeug, weshalb der Fahrer langsam zu fahren hatte und gegebenenfalls anhalten und die Maschine oder den Motor außer Tätigkeit setzen musste. „Auf den Haltruf oder das Haltzeichen eines Polizeibeamten hat der Führer sofort anzuhalten. Zur Kenntlichmachung eines Polizeibeamten ist auch das Tragen einer Dienstmütze ausreichend." Weit ausführlicher waren in dieser Verordnung aber Fahrerlaubnis- und Kfz-Zulassungsangelegenheiten geregelt.

Nach dem Ersten Weltkrieg. Nach dem Ersten Weltkrieg (also ab Ende 1918) und der Gründung der „Weimarer Republik" nahm der Straßenverkehr in Deutschland erheblich zu, wenn auch in weit geringerem Maße als in den USA, in Frankreich oder in Großbritannien.

Die Verkehrsregelung einschließlich Vorschriften zu Verkehrszeichen wurde aber weiter von den deutschen Ländern getroffen, obwohl die Weimarer Verfassung dem Reich die Gesetzgebung „... über den Verkehr mit Kraftfahrzeugen zu Lande, zu Wasser und in der Luft" übertragen hatte.[10)] Die Verordnung über den Verkehr mit Kraftfahrzeugen wurde schließlich im Jahr 1923 an vielen Stellen novelliert. Noch immer galt der vorgenannte § 2: Innerhalb geschlossener Ortsteile durfte jetzt allerdings 30 km/h gefahren werden, wobei die höheren Verwaltungsbehörden Geschwindigkeiten bis zu 40 km/h zulassen konnten. Bei lebhaftem

[10)] Verfassung des Deutschen Reiches vom 11. August 1919 („Weimarer Verfassung") Artikel 7 Nr. 19 RGBl. S. 1383.

Verkehr musste „so langsam gefahren werden, dass das Fahrzeug auf kürzeste Entfernung zum Stehen gebracht werden kann."

Zusätzlich erließ das Reich allerdings eine Verordnung über die Aufstellung von Warntafeln für den Kraftfahrzeugverkehr; zur Umsetzung europäischer Übereinkommen, denen auch das Deutsche Reich beigetreten war, erging im Jahr 1927 dann eine durch das Reich erlassene Verordnung über Warntafeln im Kfz-Verkehr, die diejenige von 1925 ersetzte. Die Anlage dazu enthielt (lediglich) sechs Warntafeln, nämlich „Querrinne", „Kurve", „Kreuzung", „Bewachter Eisenbahnübergang", „Unbewachter Eisenbahnübergang" und „Gefährliche Stelle anderer Art".[11] Geschäftliche Anpreisungen durften mit den Warnungstafeln nicht verbunden werden. Das Anbringen von zum Verwechseln ähnlichen Tafeln war verboten (§ 7).

Diese Verordnung galt – mehrfach, auch wesentlich, geändert – bis zum Ersatz durch die Reichsstraßenverkehrsverordnung von 1934.

3. Geschichte der Straßenverkehrs-Ordnung

Die erste Reichs-Straßenverkehrs-Ordnung von 1934[12] hat die Geltung der Verkehrsregelungen, wie sie durch die damalige Verkehrsgesetzgebung der Länder und die dazu ergangene Rechtsprechung entwickelt worden waren, zusammengefasst und durch generalisierende Klauseln reichseinheitlich ersetzt. Sie war nicht mehr nur auf den Kfz-Verkehr beschränkt, hat also auch Fahrräder, Handwagen und Schlitten erfasst, und hatte das Ziel, „einfach, großzügig und einheitlich" zu sein. Die vorgeschriebenen Verkehrszeichen waren in die Ausführungsanweisung über das Führen von Kraftfahrzeugen und über die Zulassung von Fahrzeugen zum Straßenverkehr[13] übernommen. Mit dem § 25 RStVO wurde eine Generalklausel eingeführt, die von jedem Verkehrsteilnehmer ein Verhalten forderte, das keinen Anderen schädigt, behindert oder belästigt. Die §§ 26–28 RStVO enthielten unter der Überschrift „B. Verhalten im Verkehr" die zu beachtenden konkreten Verkehrsregeln. Es wurden Ausführungen über den Rechtsverkehr aufgenommen (§ 26 StVO). In § 28 RStVO waren die zulässigen Handlungsweisen

[11] Reichsverordnung über Warntafeln für den Kfz-Verkehr vom 8. Juli 1927 RGBl. I S. 177 in der Fassung v. 10. Mai 1932 RGBl. I S. 810.

[12] RStVO v. 28.5.1934 (RGBl. I S. 455).

[13] Ausführungsanweisung zur RStVO v. 29.9.1934 RGBl. I S. 869.

festgelegt, wenn der Verkehr durch Zeichen der Polizeibeamten oder durch „Farbzeichen" geregelt wurde.

Die in der RStVO 1934 geregelten Rechtsmaterien wurden im Jahr 1937 zum großen Teil je in die neue StVZO des Reichsverkehrsministers und in die neue StVO 1937 des Reichsminister des Inneren[14)] übernommen. Die StVO enthält seither im Wesentlichen nur noch verkehrsregelnde Bestimmungen.

Die bisherige Generalklausel des § 25 RStVO wurde zum neuen § 1 StVO 1937 bestimmt und zusätzlich noch mit dem Merkmal der „Gefährdung" angereichert. Außerdem wurden viele der generellen Regelungen wieder vermehrt durch konkrete Verkehrsregeln ersetzt; die Ausführungsanweisung vom November 1934 wurde in die RStVO eingearbeitet, die Bestimmungen zu Verkehrszeichen und Einrichtungen aus der Ausführungsausweisung zu der RStVO 1934 wurden als Anlage 1 zur StVO aufgenommen. Ein eigenständiges Landesrecht in Verkehrsangelegenheiten daneben war ausdrücklich ausgeschlossen (§ 45 StVO 1937); eine entsprechende Bestimmung brauchte in die StVO 1971 nicht mehr aufgenommen zu werden, weil sich aus Art. 72, 74 Grundgesetz die Zuständigkeit des Bundes zum Erlass der StVO ergab.

Ergänzend zu der RStVO galt für die damals neu gebauten Autobahnen die Vorläufige Autobahn – Betriebs- und Verkehrsordnung,[15)] in der u. a. festgelegt war, dass Reichsautobahnen nur von „Kraftfahrzeugen (maschinell angetriebenen, nicht an Gleise gebundenen Landfahrzeuge)" benutzt werden dürfen, dass die rechte Fahrbahnhälfte zu benutzen ist und dass der durchgehende Verkehr an den Anschlussstellen bevorrechtigt ist. Für die Autobahnen waren außerdem zusätzliche gesonderte Verkehrszeichen und Verkehrseinrichtungen eingeführt worden.[16)]

Das Grundgesetz hat 1949 die Zuständigkeit für die Straßenverkehrs-Gesetzgebung[17)] ausdrücklich dem Bund übertragen, und für den Erlass der Straßenverkehrsordnung wurde gesetzlich

---

[14)] VO Reichsminister des Innern über das Verhalten im Straßenverkehr (Straßenverkehrsordnung – StVO –) vom 13. November 1937 (RGBl. I S. 1179).

[15)] Vom 14. Mai 1935 (RGBl. II S. 421).

[16)] GI-Erlass über Verkehrszeichen und Einrichtungen an Reichsautobahnen vom 15.4.1938; dieser Erlass galt gemäß § 3 der Ersten Allgemeinen Verwaltungsvorschrift für die Auftragsverwaltung der Bundesfernstraßen vom 3. 7. 1951 (Bundesanzeiger Nr. 132) als Bundesrecht weiter.

[17)] Grundgesetz vom 23.5.1949 BGBl. I S. 1; konkurrierende Gesetzgebung gem. Artikel 74 Abs 1 Nr. 22.

das Bundesverkehrsministerium für zuständig bezeichnet.[18] Die StVO galt als sogenannte vorkonstitutionelle Verordnung weiter und wurde durch mehrere Verordnungen in den Jahren 1953 und 1956 an die damaligen Verkehrsbedürfnisse angepasst. Die Neubekanntgabe von 1956 wurde in den Jahren 1957, 1960 und 1967 novelliert. Nähere Einzelheiten zur Vorgeschichte der Straßenverkehrs-Ordnung von 1971 enthält auch die Amtliche Begründung dazu.[19]

4. Straßenverkehrs-Ordnung 1971

Am 16.11.1970 wurde in der Bundesrepublik die neue Straßenverkehrsordnung erlassen, die 1971 in Kraft trat. Dies war eine von mehreren Maßnahmen, dic zum Ziel hatten, die Zahl der Verkehrsunfälle und die damit verbundenen negativen Folgen durch den enorm angestiegenen Straßenverkehr drastisch zu reduzieren. In der damaligen Bundesrepublik gab es in 1970 fast 20,000 Verkehrstote.[20]

Mit einem sehr großen publizistischen Aufwand im Laufe der Jahre 1970 und 1971 wurde die neue, nunmehr entsprechend den formalen Anforderungen des Grundgesetzes erlassene Verordnung den Bürgern näher gebracht. Da in der Öffentlichkeit der Schnitt zu der im Dritten Reich erlassenen StVO 1937 sehr betont wurde, entstand verschiedentlich der Eindruck, es würden völlig neue Verkehrsregeln gelten und daran die Frage geknüpft, ob wegen der Einführung dieser neuen Bestimmungen möglicherweise ein Verkehrschaos entstehen werde. Die Regelungen der neuen StVO wurden aber von den Bürgern sehr gut angenommen. Dies hing auch damit zusammen, dass in ihr die große Mehrzahl der Bestimmungen aus der StVO 1937 inhaltlich übernommen wurde.[21] Es hing auch damit zusammen, dass „die staatliche Autorität nicht mit dem großen Zeigefinger des Besserwissers, sondern als Helfender und Verstehender“ auftrat. So wird in den, der Gesetzesbegründung vorangestellten Leitgedanken davon gesprochen, dass es „umfassender Verkehrserziehung und Verkehrsüberwachung bedarf“. Zusammenfassend wurde

---

[18] Gesetz zur Sicherung des Straßenverkehrs vom 19.12.1952 BGBl. I S. 837; Straßenverkehrsgesetz § 6.

[19] VkBl. 1970 S. 797 ff.

[20] Hierzu: Praxenthaler, Heinrich: Die Sache mit der Geschwindigkeit – Geschichte der Tempobeschränkungen im Für und Wider; Heft 15, FGSV, Bonn 1999.

[21] Gegenüberstellung in Booß, Helmuth: StVO, Köln 1971 S. 3–6.

ausgeführt: „Solange man dem Verkehrserzieher nicht klar macht, vor welchen Gefahren und vor welchen Fehlleistungen er vordringlich warnen muss, solange man dem Verkehrspolizisten nicht sagt, worauf er vor allem sein Augenmerk zu richten hat, und solange der Verkehrsteilnehmer selbst seine Pflichten buchstäblich nur vom Hörensagen kennt, ist an einen grundlegenden Wandel nicht zu denken."

Insbesondere sollten die Bürger die StVO leichter lesen und dadurch besser verstehen können. Entsprechend diesem Hauptanliegen für den Erlass der neuen StVO 1971 wurden die meisten Bestimmungen weit verständlicher als in der StVO 1937 und in einer bürgernahen Sprache formuliert.

Die Verordnung 1971 sollte „nur noch dort reglementieren, wo im Interesse der Verkehrssicherheit Verhaltensautomatismen geschaffen werden müssen oder einer Lockerung der Verkehrssitten entgegengetreten werden muss."

b) Geltungsbereich von StVO 1971 und StVO 2013. Die StVO 2013 weicht bzgl. des Geltungsbereichs nicht von der StVO 1971 ab; so gilt sie entsprechend den beiden Wiener Übereinkommen über den Straßenverkehr und über Straßenverkehrszeichen von 1968 „für die gesamte Fläche jedes dem öffentlichen Verkehr dienenden Weges";[22] sie ist also nicht nur auf die dem öffentlichen Verkehr gewidmeten Straßen und Wege beschränkt. Das bedeutet, dass sie auch für sog. tatsächlich-öffentliche Flächen gilt, bei denen der Eigentümer – jederzeit widerruflich – seine Verkehrsflächen dem allgemeinen Verkehr zur Verfügung stellt. Die Rechtsprechung ist hier eher geneigt, einen tatsächlich öffentlichen Weg anzunehmen, und damit die Anwendung der StVO zu bejahen, als dies zu verneinen. Nach der BGH-Rechtsprechung[23] dienen alle Flächen dem öffentlichen Verkehr, die der Allgemeinheit zu Verkehrszwecken offen stehen. Dies bedeutet, dass Parkhäuser von Supermärkten und Zufahrten zu Tankstellen dem Regime der StVO unterliegen, allerdings unter Berücksichtigung der Unterschiede zwischen dem fließenden Verkehr einerseits und der besonderen Situation auf einem Parkplatz andererseits.

Dies gilt aber auch bei der Nutzung von privaten Grundstücksflächen, die in den allgemeinen Verkehr einbezogen sind,

---

[22] Zitiert nach Boos aaO S. 8.
[23] BGH v. 15.12.2015 – VI ZR 6/15.

ohne dass sie – durch Hoheitsakt der zuständigen Verwaltungsbehörde – dazu gewidmet wurden. Möglicherweise hier erforderliche Verkehrsregelungen sind deshalb von den Straßenverkehrsbehörden anzuordnen. Es hängt im Wesentlichen davon ab, dass der am Grundstück Berechtigte (also regelmäßig der Eigentümer) ausdrücklich oder stillschweigend das Grundstück zur allgemeinen Verkehrsbenutzung und Benutzung in dieser Weise freistellt.[24)] Nur wenn der Benutzerkreis klar eingegrenzt ist wie z. B. bei einem ausschließlich von den Mitarbeitern einer Behörde genutzten Parkplatz, gilt die StVO nicht per se.

Die StVO enthält auch die erforderlichen Regelungen für die Autobahnen. Es gelten also keine speziellen Regelungen daneben, wie das bei der Vorgänger-Verordnung von 1937 der Fall war.

Die heutige StVO gilt für alle Verkehrsarten, die sich auf den von der Öffentlichkeit benutzten Straßenverkehrsflächen befinden, für Fußgänger ebenso wie für Radfahrer, Reiter, Viehtreiber, für spielende Kinder, für den motorisierten und unmotorisierten Fahrzeugverkehr, wobei alle Verkehre vom Grundsatz her die gleichen Rechte haben. Sie gilt selbst für solche Fortbewegungsmittel, die nach ihrer eigenen Definition keine Fahrzeuge sind (§ 24 Abs. 1): Rollstühle, Rodelschlitten, Kinderwagen, Roller, Kinderfahrräder und ähnliches, wie Rollschuhe, Skateboards, Inline-Skates oder kleine Roller, die auch Scooter, Kickboards o. ä. genannt werden. Für diese Verkehrsarten sind spezielle Festlegungen getroffen, z. B. das Fahrbahnverbot (§ 2 Abs. 1) und das Gehweggebot (§ 25 Abs. 1). Diese Spannweite der aufgeführten Fortbewegungsmittel macht deutlich, dass die StVO bei einer technischen Fortentwicklung angepasst werden muss, was sich aktuell wegen der mit Elektro-Motoren angetriebenen Fahrzeugen oder den selbständig chauffierenden Fahrzeugen zeigt.

Auch die jeweilige besondere Entwicklung der Intensität des Verkehrs erfordert eine gelegentliche Anpassung. So stieg seit Erlass der neuen StVO 1971 die Zahl der Kraftfahrzeuge besonders stürmisch. Waren im Jahr 1970 immerhin schon 16,8 Mio. Kraftfahrzeuge, darunter 13,9 Mio. Pkw, zugelassen, so waren es im Jahr 2017 in Deutschland 62,6 Mio. Fahrzeuge, darunter 45,8 Mio. Pkw; bei diesen Vergleichszahlen ist allerdings zu beachten, dass ab dem Jahr der deutschen Einigung 1990

[24)] Vgl. König, Peter: in Hentschel Straßenverkehrsrecht 40. Auflage, München 2009 StVO § 1 Rn. 13 ff.

neben den Zahlen aus der bisherigen Bundesrepublik auch zusätzlich diejenigen Zahlen der Fahrzeuge in den neuen Bundesländern aufgeführt werden.[25]

5. Allgemeine Verwaltungsvorschriften zur Straßenverkehrs-Ordnung (VwV-StVO); Katalog der Verkehrszeichen

a) VwV-StVO Dem nicht fachkundigen Bürger ist selten bewusst, dass sich die StVO nicht nur an die Verkehrsteilnehmer, sondern auch an die Fachbehörden richtet, die entsprechende Maßnahmen treffen müssen, damit sich Verkehr auf den Straßen abspielen kann. Der Verordnungsgeber hat deshalb in die StVO ab dem § 44 StVO wesentliche Bestimmungen aufgenommen, die sich an die vollziehende Verwaltung richten. Daneben existieren zusätzlich die Allgemeinen Verwaltungsvorschriften zur Straßenverkehrsordnung (VwV-StVO), die ebenfalls am 16. November 1970 erlassen wurden und im Bundesanzeiger und im Verkehrsblatt veröffentlicht wurden; auch die jeweiligen Änderungen werden dort bekannt gegeben. Der Erlass von Allgemeinen VwV durch die Bundesregierung mit Zustimmung des Bundesrats ist in Artikel 84 Abs. 2 des Grundgesetzes ausdrücklich vorgesehen. Mit ihrer Hilfe soll eine möglichst einheitliche Handhabung des Vollzugs von Bundesrecht erreicht werden. Die VwV-StVO ist also verbindlich für alle, auch nachgeordneten, Verwaltungsbehörden sowohl des Bundes als auch der Länder und der Kommunen. Im Zuge der großen Überarbeitung der StVO im Jahr 2009 wurden auch die VwV-StVO grundlegend überarbeitet. Diese Fassung erfuhr nunmehr mit der Fassung vom 22. Mai 2017 (BAnz AT 29.5.2017 B8) eine geringfügige Überarbeitung

In den „Grundregeln zu § 1“ Abschnitt III der VwV-StVO ist unter Bezug auf Artikel 72, 74 Nr. 22 des Grundgesetzes nochmals wiederholt, dass Straßenverkehrsrecht allein durch den Bund geregelt wird, dass Landesbestimmungen dazu also unzulässig sind. Da die StVO insgesamt nachkonstitutionelles Recht ist und den gesamten Rechtsbereich der Straßenverkehrsordnung abdeckt, gibt es auch keinen Platz für ein mögliches vorkonstitutionelles Bundesrecht daneben. Im Zuge des Verordnungsgebungsverfahrens für die StVO 2013 bezeichneten die Länder

---

[25] KraftfahrtBundesamt – KBA –.

im übrigen den Rückzug des Bundesrechts beim Verwaltungsvollzug im Bereich des Verkehrsrechts als „nicht sachgerecht" und regen für die nächste StVO-Änderung an, das Weisungsrecht im Straßenverkehrsrecht und das Selbsteintrittsrecht der obersten Landesbehörden und der höheren Verwaltungsbehörden wieder bundeseinheitlich zu regeln (BR-Drs. 428-1-12 (1)).

In den sonstigen Ausführungen der VwV-StVO sind die langjährigen Erfahrungen, die in den zuständigen Verwaltungsbehörden (Straßenverkehrsbehörden, Straßenbauverwaltung, Verkehrspolizei, Feuerwehr) gewonnenen wurden, sowie die aktuelle obergerichtliche und höchstrichterliche Rechtsprechung zusammen gefasst. Diese Ausführungen betreffen insbesondere die Art und Weise der Verkehrsregelung; ein großer Teil davon ist der Beschilderung vorbehalten. Die Ausführungen der VwV-StVO gehen sehr ins Detail und sind damit nicht sehr übersichtlich; mit Hilfe von nicht durchgängig eingeführten Randnummern wird schrittweise die Lesbarkeit erhöht. In ihr sind auch die im Bereich der Straßenbau-Verwaltung erarbeiteten Richtlinien und Merkblätter aufgenommen; sie sind auf diese Weise ohne Abstriche und Änderungen durch die Länderstraßenverwaltungen verbindlich für die Länder-Auftragsverwaltungen und für die Kommunen, da sie gemäß den Vorgaben des Grundgesetzes mit Zustimmung des Bundesrats eingeführt wurden.

b) Katalog der Verkehrszeichen Vz-Kat Dies gilt auch für den Katalog der Verkehrszeichen – Vz-Kat 21017, der nach Rn. 8 zu §§ 39–43 VwV-StVO eine Anlage zu den VwV-StVO bildet und damit rechtlich Teil dieser Vorschrift ist. Als solche ist er für sämtliche Verwaltungsbehörden bindend; Ausnahmen durch die obersten Straßenbaubehörden der Länder sind möglich. Änderungen von Verkehrszeichen in der StVO führen dazu, dass auch der Vz-Kat an diese neue Rechtslage angepasst wird. Die neueste Fassung wurde am 29. Mai 2017 im Elektronischen Bundesanzeiger veröffentlicht (BAnz AT 29.5.2017 B8) und ist für die Herstellung und einheitliche Gestaltung der Verkehrszeichen in Deutschland wichtig. Die wesentlichen Änderungen im Vergleich zum abgelösten Vz-Kat 1992 sind auf der Homepage der Bundesanstalt für Straßenwesen (BASt) zusammenfassend dargestellt. Der Verlag C.H.BECK hat zur Erleichterung im täglichen Verwaltungsleben dieser Textausgabe einen Auszug aus dem Vz-Kat als Anhang angefügt.

6. Unfallverhütungsvorschrift

Die StVO wirkt aber auch als eine „Unfallverhütungsvorschrift“. Bei gegenwärtig jährlich etwa 3.200 Verkehrstoten und ca. 400.000 Verletzten im Straßenverkehr mit einem volkswirtschaftlichen Schaden in Höhe von ca. 30,5 Mrd. € (Jahr 2009) kommt der Aufgabe der Unfallverhütung eine besondere Bedeutung zu. Besteht begründete Aussicht, dass mit einer bestimmten Verhaltensvorschrift die Verkehrssicherheit erhöht werden kann (z.B. Gurtanlege- und Helmtragepflicht; Kindersicherung in Kraftfahrzeugen; Höchstgeschwindigkeit und Überholverbote bei Nebel; Verbot für den Fahrzeugführer, ein Mobiltelefon o.ä. ohne Freisprecheinrichtung zu benutzen), so ist es naheliegend, eine entsprechende Vorschrift zu erlassen; dem Verordnungsgeber steht aber ein weiter Ermessensspielraum zu, wie er seine verkehrs-politischen Ziele im Blick auf die Verkehrssicherheit und die Flüssigkeit des Verkehrs realisiert.

7. Unfallursachen

Als wesentliche Unfallursachen kommen in Betracht verkehrsunsichere Fahrzeuge, gefahrenträchtige Straßen mit gefährlichen Umfeld, menschliches Versagen (human factor).

Die Unfallursache „Fahrzeug“ ist außergewöhnlich zurückgegangen wegen der in immer kürzeren Abständen auf dem Markt erscheinenden Innovationen im Blick auf die Sicherheit durch die Automobilindustrie, der nahezu lückenlosen Überprüfung der Autos (Typenprüfung durch das KBA, Verkehrssicherheitsprüfung durch TÜV bzw. Dekra in 3-jährigem bzw. 2-jährigem Abstand; Kontrolle durch Polizeibeamte) sowie durch das von der EU-Kommission unterstützte EuroNCap-Verfahren, in dem neue Kfz europaweit nach einheitlichen Kriterien gecrasht werden mit dem Ziel, mögliche Sicherheitsmängel aufzudecken.[26)] Dem Bürger wird dieser Fortschritt bei der Verkehrssicherheit moderner Fahrzeuge in Europa insbesondere vor Augen geführt, wenn er Fahrzeuge in Dritte-Welt-Staaten nutzen muss, für die diese Vorkehrungen der aktiven und passiven Fahrzeugsicherheit nicht vorgeschrieben sind bzw. in denen technische Sicherheitsvorschriften weniger beachtet werden. Aus dem geschilderten Rahmen fallen anscheinend die Standards zur Omnibussicher-

26) BASt, Jahresbericht 2007/2008 S. 90, Bergisch Gladbach 2009.

heit, so dass es in gewissen Abständen zu beunruhigende Massenunfälle kommt.

Die Unfallursache „gefahrenträchtige Straße" nimmt an Bedeutung wieder zu. Dies ist insbesondere darauf zurück zu führen, dass aus kurzsichtigen finanziellen Überlegungen die früher hoch qualifizierten Straßenbauverwaltungen systematisch „ausgedünnt" werden. Die Folge ist, dass viele der bisher von der Straßenverwaltung wahrgenommenen Aufgaben „outgesourcet" werden müssen, das heißt auf den (meist preisgünstigsten) privaten Bewerber übertragen werden müssen. In vielen Fällen ist dann ein Qualitätsverlust auch bezüglich der Verkehrssicherheit zu beobachten. Dem wird u. a. durch das Straßen-Sicherheitsaudit (Road Safety Audit, Road Safety Inspection) innerhalb der Straßenverwaltungen entgegengewirkt. Für die zum TERN-Netz gehörenden Straßen hat die Europäische Kommission im Jahr 2008 Road Safety Audits zur Anwendung vorgeschrieben. Die Straßenbauverwaltungen übertragen hier an in Straßensicherheitsangelegenheiten erfahrene Experten die Überprüfung ihrer Straßenbauplanungen und ihrer Baumaßnahmen sowie der Ausstattung ihrer Straßen mit z. B. Schutzplanken, um mögliche Sicherheitsdefizite feststellen zu lassen. Ein sehr kontrovers diskutiertes Thema ist außerdem die Vermeidung von Unfällen durch Aufprall auf Bäume entlang von Straßen.[27] Wichtige Themen in diesem Zusammenhang sind schließlich die ausreichende Griffigkeit der Straßenoberfläche und ihre sachgerechte Entwässerung zur Vermeidung von Aquaplaning .

Ganz überwiegend werden Verkehrsunfälle aber wegen menschlichen Versagens verursacht. Das menschliche Versagen besteht wesentlich in vermeidbaren Verstößen gegen wenige Sicherheitsregeln des Verkehrs:[28]

- Es wird mit unangepasster Geschwindigkeit gefahren (57,7%)
- Es werden vor und während der Fahrt Alkohol bzw. andere Drogen konsumiert (13,1%)
- Es wird das Vorfahrtsrecht verletzt (11,2%)
- Ein ausreichender Sicherheitsabstand wird nicht eingehalten (Drängler)
- Die Fahrer (insbesondere LKW-Fahrer) sitzen übermüdet am Steuer.

---

27) Praxenthaler, Heinrich: Alleenrausch und Baumaufprall in: Straßenverkehrstechnik 2006 S. 237ff.

28) KBA-Zentralverkehrsregister.

In den Städten ist Unfallursache Nr. 1 fehlerhaftes Abbiegen und Wenden.[29]

8. Sonstige gesellschaftlich wichtige Ziele

Die StVO-Regelungen dienen dem sachgerechten Ablauf des Verkehrs. Bei der Ausformulierung der StVO war aber neben dem Ziel, den Verkehr möglichst optimal, d. h. in der Regel möglichst flüssig zu gestalten. gesellschaftlich wichtige gesamtpolitische Ziele zu berücksichtigen wie Gesundheit, Schutz der Bürger vor Belästigungen, Gleichbehandlung und Wohlbefinden der Menschen, so auch angenehme Freizeitgestaltung, Umwelt- und Naturschutz, Klimaschutz, wirtschaftlicher Einsatz der Ressourcen und möglichst Reduzierung des Ressourcenverbrauchs, Einnahmen der öffentlichen Hand (z. B. bei der Mauterhebung), Schutz und Schaffung von Arbeitsplätzen. Konkretisiert sind wichtige Ziele in § 6 StVG als ermächtigende Richtschnur für die StVO und in § 45 StVO. Würde die StVO diese gesellschaftlich wichtigen Ziele nicht mit erfassen, müssten hierfür spezielle Regelungen und z. B. besondere Verkehrszeichen entwickelt werden, wie dies etwa bei der Beschilderung für Brücken nach militärischen Lastenklassen mit speziellen Nato-Zeichen geschehen ist. Folgerichtig war auch die Einbindung der früher parallel zur StVO an Straßen existierenden Zeichen in die StVO, die z. B. bei den Zeichen der nunmehrigen Anlage 3 lfd. Nrn. 28–33 (z. B. touristische Unterrichtungstafel) und Nr. 37 stattgefunden hat.

9. Ausführlichkeit statt weniger Grundregeln

Die StVO muss das einprägsam und eingehend formulierte Regularium zur Verfügung stellen, um dem Bürger aufzuzeigen, wie er sich im Straßenverkehr zu verhalten hat. Die Diskussion darüber, ob man mit wenigen Grundregeln im Straßenverkehrsrecht auskommt, gab es bereits bei sämtlichen grundsätzlichen Überarbeitungen von ordnenden Straßenverkehrsbestimmungen, insbesondere auch als die neue StVO 1971 erarbeitet wurde. Die Verordnungsgeber entschieden sich schließlich dafür, ausführliche Regelungen für unfallträchtige Fahrmanöver und Verkehrslagen zu treffen. Man hielt es für unzumutbar, dass sich der

[29] Verkehrsunfallstatistik 2007 der Bonner Polizei.

Fahrschüler erst in einer umfangreichen höchstrichterlichen Rechtsprechung darüber informieren müsste, wie er sich in bestimmten typischen Situationen zu verhalten habe. Auch aus rechtsstaatlichen Gründen (Bußgeldbewehrung, Grundlage für zivilrechtliche Schadensersatzansprüche) ist diese Ausführlichkeit und Präzision in der Formulierung gefunden worden.

Wohl aus diesen angeführten Gründen hat das zuständige BMV bisher davon abgesehen, etwa neben der mit Zustimmung des Bundesrates erlassenen Rechtsverordnung StVO ein „volkstümliches" Werk über dieselbe Rechtsmaterie – als Rechtsverordnung oder als freundliche Empfehlung – herauszugeben, obwohl immer wieder neue Ansätze dazu gemacht werden. Auseinandersetzungen darüber, welche Fassung die maßgebende ist, wären wohl unvermeidlich.

10. Grundsätzliche StVO-Vorschriften

In den ersten zehn Paragraphen bis § 9 a der StVO finden sich die genauen und ins Einzelne gehenden Vorschriften zum grundsätzlichen Verhalten.

- Fahrzeuge müssen die Fahrbahn benutzen; Seitenstreifen sind nicht Bestandteil der Fahrbahn (§ 2 Abs. 1).
- Es ist möglichst weit rechts zu fahren (§ 2 Abs. 2).
- Der Fahrzeugführer darf nur so schnell fahren, wie er sein Fahrzeug ständig beherrschen kann (§ 3 Abs. 1).
- Der Abstand von einem vorausfahrenden Fahrzeug muss in der Regel so groß sein, dass auch dann hinter ihm gehalten werden kann, wenn es plötzlich gebremst wird (§ 4 Abs. 1).
- Es ist links zu überholen (§ 5).
- Wer an einem Hindernis links vorbeifahren will, muss entgegenkommende Fahrzeuge durchlassen (§ 6).
- Wenn es die Verkehrsdichte rechtfertigt, kann auf einer Fahrbahn mit mehreren Fahrstreifen für eine Richtung vom Rechtsfahrgebot abgewichen werden (§ 7 Abs. 1).
- An Kreuzungen und Einmündungen hat derjenige Vorfahrt, der von rechts kommt, soweit keine weiteren Regelungen getroffen sind – Grundsatz des „rechts vor links" (§ 8 Abs. 1).
- Wer abbiegen will, muss dies rechtzeitig und deutlich ankündigen (§ 9 Abs. 1).
- Der Verkehr in der Kreisfahrbahn hat Vorfahrt, wenn eine entsprechende Beschilderung besteht (§ 9 a).

Ahndungs-Bestimmungen zum Missbrauch von Alkohol und Drogen im Verkehr sind in § 24 a StVG, §§ 315 c und 316 StGB enthalten. Verschärfte europaeinheitliche Bestimmungen zu Lenk- und Ruhezeiten für LKW-Fahrer, die seit 11. 4. 07 auf Grund der VO(EG) 561/2006 anwendbar sind, können der Fahrpersonalverordnung entnommen werden.

Mehrere Vorschriften der StVO dienen auch der Verkehrsflüssigkeit, so z. B. § 3 Abs. 2, § 4 Abs. 2, § 7, § 11 Abs. 1.

11. Polizeikontrollen; Enforcement

Die bei weitem meisten Verkehrsteilnehmer beachten von sich aus die auch zu ihrer Sicherheit erlassenen Bestimmungen der StVO. Kontrollen durch Polizeibeamte verbunden mit Sanktionen und Überwachung durch von ihnen eingesetzte technische Geräte sind aber unvermeidlich. Wie außergewöhnlich wichtig es ist, dass ein Staat über gut geschulte, motivierte und nicht bestechliche Polizeibeamte verfügt, die von der Bevölkerung akzeptiert werden, zeigen die Erfahrungen in Staaten, in denen das Polizeiwesen nicht ernst genommen wird. Der im Verhältnis hohe Sympathiewert der Polizei in Deutschland, und hier wiederum ihre noch höhere Anerkennung durch die nicht deutschen Bevölkerung in Deutschland, zeigt, dass die Polizei auf dem richtigen Weg ist. Polizeikontrollen und mögliche Sanktionen werden akzeptiert; dies hat selbstverständlich auch positive Auswirkungen auf die Beachtung der Verkehrsregeln. Die Bedeutung der Kontrolle (verbunden mit Sanktionen) auf die Verkehrssicherheit zeigen die Ergebnisse eines Versuchs im Rahmen des Großversuchs Außerortsstraßen-Sicherheit. Linienhaft angeordnete ortsfeste Geschwindigkeitsüberwachung durch „Starenkästen“ auf besonders unfallträchtigen Landstraßen führten nach deren Anordnung dazu, dass die Zahlen der Getöteten und Verletzten um mehr als ein Viertel sanken.[30)]

12. Gesetzestechnik, Verstehbarkeit

Der Verordnungsgeber der StVO bemühte sich seit je um eine einfache Sprache. Sie soll möglichst von jedem Verkehrsteilnehmer verstanden werden. Allerdings darf die Klarheit des Gesetzesbefehls nicht darunter leiden; denn bei den meisten Vorschriften kann ein Verstoß zur Auferlegung von Bußgeld führen (§ 49).

---

30) BASt, Pressenotiz v. 2.12.2008, Nr. 23/2008.

Abstrakte Begriffe und Legaldefinitionen sind als juristisches Handwerkszeug unverzichtbar, sie erschweren aber für Personen, die in deren Benutzung nicht geschult sind, die Lesbarkeit und Verstehbarkeit. Die StVO versucht, möglichst ohne derartige Begriffe auszukommen. Der Aufbau der StVO soll in erster Linie das systematische Lesen erleichtern. Die StVO ist deshalb nicht nach Verkehrsarten, sondern grundsätzlich nach Themen („Geschwindigkeit“, „Abstand“, „Überholen“ usw.) aufgebaut. Nur einzelne Verkehrsarten, z. B. Fußgänger (§ 25), öffentliche Verkehrsmittel (§ 20) sowie der Verkehr auf Autobahnen und Kraftfahrtstraßen (§ 18) und das Verhalten an Bahnübergängen (§ 19) erhalten wegen ihrer Bedeutung jeweils besondere Vorschriften.

Die StVO ist leider einer der Spielbälle in der deutschen Politik. Die Novelle 2013 hat zu einer Verkomplizierung des bisherigen Textes geführt, weil viele Fachbegriffe durch „Halbsätze“ ersetzt wurden, z. B. in § 2 Abs. 4 Satz 5: „Wer mit dem Rad fährt, darf ferner rechte Seitenstreifen benutzen, wenn keine Radwege vorhanden sind und zu Fuß Gehende nicht behindert werden.“ Aus dem Begriff „Verkehrsteilnehmer“ ist nunmehr überwiegend „Wer am Verkehr teilnimmt“, aus dem Begriff „Radfahrer“ nunmehr „Wer mit dem Rad fährt“ geworden.

In der „Schilderwald-Novelle 2009“ war die StVO in einem außergewöhnlichen Kraftakt der zuständigen Bundes- und Landesbehörden unter großer Beteiligung der Fachkreise ganz grundsätzlich überarbeitet worden. Sie enthält zwar weiterhin die Abschnitte „Allgemeine Verkehrsregeln §§ 1–35“ und „Zeichen und Verkehrseinrichtungen §§ 36–43“ sowie die „Durchführungs-, Bußgeld- und Schlussvorschriften (§§ 44–53)“. Die bisherigen Paragraphen 40 bis 43 wurden erheblich gestrafft, insbesondere aber wurden die Sinnbilder für die Zeichen aus dem Fließtext heraus genommen und nunmehr in vier Anlagen klar verständlich und übersichtlich, ggfs. mit Erläuterungen, dargestellt. Es gibt nun

- Anlage 1 zu § 40 Abs. 6 und 7 Allgemeine und Besondere Gefahrzeichen
- Anlage 2 zu § 41 Abs. 1 Vorschriftzeichen
- Anlage 3 zu § 42 Abs. 2 Richtzeichen
- Anlage 4 zu § 43 Abs. 3 Verkehrseinrichtung

Die in dieser Broschüre als Anlage beigefügte „Zusatzzeichen“ aus dem Vz-Kat des BMV ist nicht Teil der StVO; insoweit wird auf oben Abschnitt Nr. 5 verwiesen.

Mit der StVO, den VwV-StVO einschließlich Vz-Kat und dem Bußgeldkatalog steht ein rechtlich-technisches Instrumentarium für die Verwaltungen, also für die Straßenverkehrs- und Straßenbaubehörden, die Kommunen, die Polizei zur Verfügung.

Die leichte Verstehbarkeit der StVO leidet außerdem wegen Änderungen, die auf europäische gesetzliche Regelungen zurückzuführen sind und häufig als sprachliches Ungetüm ihren Platz in der StVO gefunden haben (Negativbeispiele: § 2 Abs. 3 a; § 21 Abs. 1 a StVO). Für Außenstehende ist nicht nachvollziehbar, warum in den beiden Fällen (textliche Geschlechtergleichstellung; Zitierung europarechtlicher Bestimmungen) nicht die erfreulich flexiblen Regelungen des Handbuchs für Rechtsförmlichkeit der Bundesregierung berücksichtigt wurden, um das Oberziel, die gute Lesbarkeit, zu erreichen.

13. StVO-Änderungen

Die Benutzung von Kraftfahrzeugen war praktisch von Beginn an nicht auf die jeweiligen Staaten beschränkt, sondern war sehr bald grenzüberschreitend; dazu trugen unter anderem internationale Kfz-Wettrennen bei. So wurden sehr bald Bestrebungen umgesetzt, einen rechtlichen Rahmen für die Verkehrsregelungen auf internationaler Ebene zu setzen. Nunmehr – mehr als hundert Jahren seit der Erfindung des Autos sind vergangen – ist Deutschland das wichtigste Transitland für den internationalen Verkehr. Insbesondere in Folge der fortschreitenden europäischen Einigung und des Wegfalls des „Eisernen Vorhangs" hat der grenzüberschreitende Verkehr ein nicht gekanntes Ausmaß erreicht. Haben im Jahr 1970 immerhin schon 89 Millionen Kraftfahrzeuge die Grenze der damaligen Bundesrepublik Deutschland nach allen Richtungen überschritten, so waren es 30 Jahre später (bei dem nun geeinten Deutschland) jährlich etwa fünfmal so viel. Insbesondere im Wiener Übereinkommen über Straßenverkehrszeichen vom 8. 9. 1968 und späteren Zusatzabkommen hat man auf internationaler Ebene zur Vereinheitlichung des staatenübergreifenden Verkehrs und zur Verbesserung der Verkehrssicherheit Verkehrszeichen, Lichtsignale und Fahrbahnmarkierungen standardisiert. Daneben bekommen Rechtsvorschriften, die für das Gebiet der gesamten Europäischen Union bindend sind, eine ständig größere Bedeutung. Es handelt sich dabei in der Regel um europäische Richtlinien, die in die StVO „umgegossen" werden müssen.

Die Europäische Kommission selbst setzt auch Ziele bzgl. der Verkehrssicherheit. So ist sie in ihrem Weißbuch „Die europäische Verkehrspolitik bis 2010: Weichenstellungen für die Zukunft (2001)“ mit dem Slogan angetreten, die Verkehrstoten im Gebiet der Europäischen Union gegenüber dem Stand des Jahres 1998 auf die Hälfte zu reduzieren. Einen weiteren Beitrag zur Verkehrssicherheit soll dabei die sog. EU-Infrastrukturrichtlinie vom November 2008 bringen. Schweden, das bereits jetzt einen sehr hohen Standard im Blick auf die Verkehrssicherheit hat, hat als stolzes Ziel die Zero-Version ausgegeben, also die Zahl der durch Verkehrsunfälle ums Leben Gekommenen auf null zu reduzieren.

Änderungsverfahren. Die StVO ist eine Rechtsverordnung im Sinne von Artikel 80 des Grundgesetzes. Inhalt, Zweck und Ausmaß sind insbesondere in § 6 StVG ins Einzelne gehend festgeschrieben. Der entsprechende Bund/Länder-Ausschuss, dem ein Vertreter des BMV vorsitzt und der sich mindestens halbjährlich trifft, analysiert und erörtert sorgfältig die Vorschläge zur Änderung der StVO. Änderungsvorschläge kommen von der politischen Seite, den Verwaltungen (insbesondere auch den Kommunen, den Polizeibehörden), den Wirtschaftsverbänden, der Forschung – hier z. B. der BASt – und aus der Bevölkerung.

Die VO-Entwürfe werden innerhalb der Bundesregierung und in den Länderregierungen abgestimmt. Die Verordnungen werden dann mit Zustimmung des Bundesrats vom BMV erlassen; bei bestimmten Themenbereichen wird die Verordnung zusammen mit dem Bundesinnenminister oder dem Bundesumweltminister erlassen (§ 6 Abs. 2 StVG).

In Einzelfällen kann das BMV allgemeine Ausnahmen von der StVO erteilen; in diesem Fall muss es vorher die obersten Landesbehörden anhören (§ 6 Abs. 3 StVG). Die Änderungs-VO wird im Bundesgesetzblatt veröffentlicht. Verordnungstext und Amtliche Begründung zu der StVO-Novelle sind auch jeweils im Verkehrsblatt abgedruckt. **Ausnahmegenehmigungen** können Straßenverkehrsbehörden in den in § 46 Abs. 1 StVO aufgelisteten Fällen erteilen. Die zuständigen obersten Landesstraßenbehörden oder die nach Landesrecht bestimmten Stellen können von allen Vorschriften der StVO Ausnahmen für bestimmt Einzelfälle oder allgemein für bestimmte Antragsteller erteilen.

Wegen der großen Bedeutung der StVO für das generelle Leben in Deutschland sind im parlamentarischen Raum immer wieder Forderungen aufgekommen, die StVO durch den Deutschen Bundestag verabschieden zu lassen. Letztlich wurde aber entschieden, dass die bisherige Form einer Verordnung beibehalten werden soll. Allerdings ist festgelegt, dass das BMV vor Erlass der Verordnung diese dem Verkehrsausschuss des Deutschen Bundestages zur Kenntnisnahme zuleitet.

In den vergangenen Jahrzehnten wurden mit Zustimmung des Bundesrates eine große Anzahl von ÄnderungsVO verkündet.[31] Hinzu kommt noch eine Anzahl von AusnahmeVO, die ebenfalls vom BMV nach Anhörung der zuständigen obersten Landesbehörden gem. § 6 Abs. 3 StVG erlassen wurden.

Häufige Änderungen. Diese Fülle von Neuerungen auf dem „sensiblen" Gebiet des Straßenverkehrsrechts ist nicht unbedenklich. Durch die Aufnahme neuer oder die Änderung bestehender Vorschriften wird eine Verordnung im Allgemeinen komplexer. Zunehmende Komplexität stört aber nicht nur das Verständnis der Regeln. Es erfordert auch Zeit, die Änderungen den Verkehrsteilnehmern zu vermitteln, die diese ja beachten sollen. Die Erfahrung zeigt, dass auch geraume Zeit nach Einführung einer neuen Regel nur ein Teil der Betroffenen sie kennt und anwenden kann. Es dauert oft mehrere Jahre, bis dieser Prozess abgeschlossen und die Vorschrift „Allgemeingut" geworden ist.[32]·[33]

14. Neuere StVO-Änderungen

Hier sei auf wichtige Vorschriften aus den letzten StVO-Änderungen hingewiesen:

– Haltestellenregelung; VO 1995[34]·[35]

Nähern sich blinkende Linien- oder Schulbusse einer Haltestelle, dürfen sie nicht überholt werden (§ 20 Abs. 3).

---

[31] Beck'sche Loseblattausgabe „Schönfelder, Deutsche Gesetze" vor dem StVO-Text.

[32] Pfeiffer, Manfred et al.: Kenntnis des Verkehrsteilnehmers über die StVO und sein Verkehrsverhalten, BASt, Bergisch Gladbach 2006.

[33] Baier, Reinhold et al: Umsetzung von StVO-Neuerungen in der straßenverkehrsrechtlichen und straßenbaulichen Praxis, BASt, Bergisch Gladbach 2005.

[34] Abkürzung „VO 1995" und entsprechende Abkürzungen bei den nachstehenden VO sind keine amtlichen Abkürzungen und sollen nur der Übersichtlichkeit dienen.

[35] VO v. 18.7.1995 BGBl. I S. 935.

Halten solche Busse an Haltestellen, darf nur mit Schrittgeschwindigkeit an ihnen vorbeigefahren werden. Das gilt auch für den Gegenverkehr auf derselben Fahrbahn (§ 20 Abs. 4).

– Kreisverkehr; VO 2000[36)]

Das Zeichen 215 („Kreisverkehr") wurde eingeführt. In Kombination mit dem Zeichen 205 („Vorfahrt gewähren") hat der Verkehr auf der Kreisfahrbahn Vorfahrt (§ 9 a Abs. 1). Bei der Einfahrt in den Kreisverkehr ist die Benutzung des Fahrtrichtungsanzeigers verboten, bei der Ausfahrt ist sie Pflicht (§ 9 Abs. 1).

– Seitenstreifen-Umnutzung; Bewohner-Parken; VO 2001[37)]

Temporär werden in Verkehrsspitzenzeiten die Seitenstreifen an Autobahnen zum Gewinn eines zusätzlichen Seitenstreifens umgenutzt.[38)] Diese VO führte die neuen Vorschriftzeichen 223.1 („Seitenstreifen befahren"), 223.2 („Seitenstreifen nicht mehr befahren") und 223.3 („Seitenstreifen räumen") ein.

Das Anwohnerparken (jetzt: Bewohnerparken) wurde neu geregelt. Auch großräumigere Bereiche mit Parkvorrechten für die Wohnbevölkerung sind möglich (§ 45 Abs. 1 b Nr. 2 a).

– Sicherheitsgurte in allen Kraftomnibussen; VO 2004[39)]

Die Bußgeldbewehrung für das Nichtanlegen der Sicherheitsgurte, von der bisher Kraftomnibusse mit einer zulässigen Gesamtmasse von mehr als 3,5 t ausgenommen waren, wurde auf alle Busse ausgedehnt.

– Maut-Pflicht; VO 2005 I[40)]

Das Verkehrszeichen Nr. 391 kennzeichnet den Beginn der mautpflichtigen Strecke und unterrichtet damit die entsprechenden Verkehrsteilnehmer über die Mautpflicht. Damit verbunden ist eine Bußgeldbewehrung (s. § 49 Abs. 3 Nr. 5 StVO). Die Pflicht zur Bezahlung des Mautbetrags besteht mit dem Benutzen

---

36) VO v. 11.12.2000 BGBl. I S. 1690.

37) VO v. 14.12.2001 BGBl. I S. 3783.

38) Vgl. Lemke, Kerstin: Temporäre Umnutzung von Seitenstreifen an Autobahnen; in: Straßenverkehrstechnik 2003 S. 409.

39) VO v. 22.1.2004 BGBl. I S. 117.

40) VO v. 6.8.2005 BGBl. I S. 2418; BMVBW v. 27.6.2003, VkBl. 2003, 430.

der Straße, sie ist nicht an die Existenz des Verkehrszeichens geknüpft.

– Verkehrsverbot für Durchgangsverkehr mit Nutzfahrzeugen über 12 t; VO 2005 II[41]

Das Zusatzzeichen „Durchgangsverbot 12 t" soll bewirken, dass mautpflichtige LKW-Transporte nicht Ausweichstrecken anstelle der mautpflichtigen Autobahn- und sonstigen mautpflichtigen Bundesstraßenstrecken benutzen.

– Winterausrüstungs-Pflicht; Verbot des Transports auf Ladeflächen; Leitkegel durch Pannenhilfsdienst; VO 2005 III[42]; VO 2017 I[43]

Kraftfahrzeuge dürfen bei Glatteis, Schneeglätte, usw. nur fahren, wenn alle Räder mit Reifen ausgestattet sind, die den Anforderungen des § 36 Abs. 4 StVZO genügen; insbesondere sind Bereifung und Scheibenwaschanlage den Wetterverhältnissen anzupassen. Personentransport auf LKW-Ladeflächen ist – von gewissen Ausnahmen abgesehen – verboten. Bei Gefahr im Verzug können die privaten Hilfskräfte bei Pannenhilfe u. ä. Leitkegel (Zeichen 610) aufstellen; insoweit sind diese Hilfskräfte mit hoheitlichen Befugnissen ausgestattet. Damit wird die Regel durchbrochen, dass Verkehrszeichen nur durch die ausdrücklich dafür ermächtigte Behörden angeordnet werden können.

– Tunnelsicherheit; VO 2006 I[44]

Die zwei neuen Zeichen 327 und 328 sollen zu einer weiteren Verminderung der – spektakulären – Massenunfälle in Tunnels beitragen.

– Kennzeichnung der Kraftfahrzeuge mit geringem Beitrag zur Schadstoffbelastung – 35. BImSchV VO 2006 II[45]

Mit den neuen StVO-Zeichen 270.1 und 270.2 können die zuständigen Behörden Grenzen einer Umweltzone festlegen, in

---

[41] VO v. 22.12.2005 BGBl. I S. 3714.
[42] VO v. 22.12.2005 BGBl. I S. 3716.
[43] VO v. 18.5.2017 BGBl. I S. 1282.
[44] VO v. 28.3.2006 BGBl. I S. 569.
[45] VO v. 10.10.2006 BGBl. I S. 2218.

der Verkehrsverbote zur Verminderung schädlicher Luftverunreinigungen ausgesprochen werden. Die Verbote haben inzwischen viele Kommunen ausgesprochen. Kraftfahrzeuge werden den Schadstoffgruppen 1–4 zugeordnet; Kfz der Schadstoffgruppe 1 – mit verhältnismäßig hohem Schadstoffausstoß – erhalten keine Ausnahmeplakette und werden dem entsprechend vom Verkehrsverbot dieser Städte erfasst; d. h. mit diesen Fahrzeugen darf nicht mehr in die Städte mit den entsprechenden Fahrverboten gefahren werden.

- **Personentransportverbot in Wohnwagenanhängern; Baby-Transport in Taxis; VO 2006 III[46)]**

  Auch in 2-achsigen Wohnwagenanhängern ist nunmehr der Personentransport untersagt.

  Taxis dürfen Babies und Kleinkinder bis zu 9 kg ohne geeignete Rückhalteeinrichtungen transportieren.

- **Geschwindigkeitsvorschriften; Parkgebühren per Handy; VO 2007[47)]**

  Für verschiedene Kraftfahrzeugarten sind auf Grund europarechtlicher Bestimmungen maximale Verkehrs-Geschwindigkeiten festgeschrieben worden. Parkuhren können, soweit die technische Möglichkeit besteht, per Handy bezahlt werden.

- **LKW-Benutzungsverbot des äußersten linken Fahrstreifens bei Glätte; Förderung der Parkmöglichkeit für schwerbehinderte Menschen VO 2009 I[48)]**

  Verboten ist künftig, dass LKW auf winterglatten Fahrbahnen liegen gebliebene Fahrzeuge auf der äußerst linken Spur überholen. Durch dieses Verbot soll unterbunden werden, dass diese überholenden Fahrzeuge, wenn sie ihrerseits beim Überholvorgang liegen bleiben, dazu beitragen, dass die Straße dann insgesamt blockiert ist (§ 18 Abs. 11). Schwerbehinderte Menschen mit außergewöhnlichen Behinderungen erhalten Sonderrechte u. a. beim Parken (§ 41 Abs. 2 Nr. 8 Satz 5; § 42 Abs. 4 Nr. 2 Satz 1; § 45 Abs. 1 b Satz 2 Nr. 2; § 47 Abs. 2 Nr. 7).

---

46) VO v. 18.12.2006 BGBl. I S. 3226.
47) VO v. 28.11.2007 BGBl. I S. 2774.
48) VO v. 26.3.2009 BGBl. I S. 314.

– Abbau des Schilderwaldes; Verbesserung der Lesbarkeit der StVO; radverkehrsfreundlichere Regelungen; Parkraumbewirtschaftungszone; Inline-Skates; VO 2009 II[49] und Novelle StVO 2013[50]

Reduzierung der Überbeschilderung. Die StVO wurde im Jahr 2009 ganz grundsätzlich auch mit dem Ziel überarbeitet die Überbeschilderung zu reduzieren; die Änderungen richten sich insoweit besonders an die Verwaltungen, denen die Entfernung von nicht benötigten Verkehrszeichen erleichtert und die Anordnung neuer Verkehrszeichen erschwert werden soll. Eine Regelung durch Verkehrszeichen soll möglichst nur punktuell dort erfolgen, wo die eigenverantwortliche Beachtung der allgemeinen Verkehrsregeln der StVO durch den Verkehrsteilnehmer nicht ausreichen würde.[51] Wie groß das Anliegen der Bundes- und Ländervertreter bei der StVO-Überarbeitung war, die Überbeschilderung zu reduzieren, zeigt die Tatsache, dass dieses Anliegen an 4 Stellen in der StVO mit nahezu übereinstimmenden Formulierungen verankert wurde (§§ 39 Abs. 1; § 43 Abs. 1 Satz 3; § 45 Abs. 9 Satz 1 und § 45 Abs. 9 Satz 4 StVO). Vom Verkehrsteilnehmer wird andererseits erwartet, dass er sich verstärkt an die allgemeinen Verkehrsregeln hält. Mit dem Ziel, überflüssige Verkehrszeichen zu beseitigen, hat z. B. der Rhein-Sieg-Kreis im Rahmen der Aktion „… Und tschüß“ gemeinsam mit dem ADAC Nordrhein in 8 Gemeinden sämtliche Verkehrszeichen sorgfältig auf ihre Erforderlichkeit überprüft; über 2.000 Zeichen wurden dabei auf einem Straßennetz von knapp 1.900 km bis Projektende im Mai 2011 entfernt; die weiteren 11 kreisangehörigen Städte des Kreises führten entsprechende Überprüfungen selbständig durch. Der Rhein-Sieg-Kreis schätzt seine damalige, von der Öffentlichkeit sehr positiv unterstützte Aktion auch im Jahr 2017 noch als erfolgreich ein. Unabhängig wieweit diese Aktion Nachfolger finden wird, bleibt die Überbeschilderung ein Dauerthema. Der Verordnungsgeber selbst schwächt allerdings dieses wichtige Ziel mit der neuerlichen Änderung von § 45 Abs. 9 zur Erleichterung der Anordnung von Verkehrszeichen für schwächere Verkehrsteilnehmer.[52]

---

49) VO v. 1.9.2009 BGBl. I S. 2631.

50) VO v. 6.3.2013 BGBl. I S. 367.

52) VO v. 13.12.2016 BGBl. I S. 2848.

Die Idee des Shared Space (= gemeinsam genutzter Raum), wonach keine Verkehrszeichen innerhalb von Orten erforderlich sind, weil die allgemeinen Verkehrsbestimmungen ausreichen, wurde in wenigen kleineren Orten in Deutschland, den Niederlanden und Österreich umgesetzt. Eine generelle Umsetzung in Deutschland dürfte wegen der oben dargestellten Einstellung der deutschen Verkehrsteilnehmer und wegen der dadurch eintretenden Verunsicherung insbesondere älterer und ganz junger am Verkehr teilnehmenden Personen nicht möglich sein.

Bessere Lesbarkeit. Das Ziel der besseren Lesbarkeit der StVO für den Anwender wird insbesondere durch die neue Struktur erreicht. Viele Vorschriften wurden auch textlich neu gefasst, ohne dass eine inhaltliche Änderung damit verbunden ist, z. B. die neuen Absätze 2 bis 6 zu § 39; so wurde im neuen Abs. 5 die Bedeutung von Markierungen, Markierungsknopfreihen und von anderen Fahrbahnbegrenzungen gebündelt aufgenommen, die bereits bisher an verschiedenen Stellen in der StVO enthalten waren.

Das Prinzip der guten Lesbarkeit gilt nicht nur für die StVO, sondern erst recht für die Bekanntmachung der Beschilderungsmaßnahme durch das Aufstellen des Verkehrsschilds. Soweit Verkehrszeichen nicht mehr klar lesbar sind (durch Verwitterung oder Überwucherung durch Pflanzenteile), sind sie zu entfernen, weil sich zeigt, dass der Verkehr auch ohne diese – nicht entzifferbaren – Verkehrszeichen sicher abläuft.

Radfreundlichere Verkehrsvorschriften. Die Radverkehrsvorschriften wurden gestrafft und vereinfacht. Dies hat u. a. zur Folge, dass die Zahl der – benutzungspflichtigen – Radverkehrsanlagen mit Verkehrsregelung durch Verkehrszeichen zurückgehen wird zu Gunsten von mehr „Fahrradstraßen", in denen nur die allgemeinen Verkehrsregeln gelten. Auch ohne die Zeichen 237, 240, 241 dürfen linke Radwege benutzt werden, wenn dies durch das Zusatzzeichen „Radverkehr frei" angezeigt ist. In § 21 Abs. 3 sind nunmehr Fahrradanhänger zur Beförderung bis zu 2 Kindern unter acht Jahren aufgenommen worden. Künftig (Übergangsfrist bis 31. Dez. 2016) gelten an Lichtzeichenanlagen die Fußgängersignale nicht mehr für Radfahrer (§ 37 Abs. 2 Nr. 6 StVO. Radfahrer sind dringend auf für sie reservierte Straßenflächen angewiesen. Bei einer Markierung gemäß Zeichen 340 (Anlage 3 Abschnitt 8 Markierung

Lfd. Nr. 22 Nr. 3) besteht ein Parkverbot auf dem durch Leitlinie markierten Schutzstreifen für den Radverkehr, was von Parkwilligen künftig entschiedener beachtet werden wird.

Parkraumbewirtschaftungszone. In § 13 wird der Begriff „Parkraumbewirtschaftungszone" eingeführt. Sie wird lediglich jeweils zu Beginn und Ende durch die neuen Zeichen 314.1 bzw. 314.2 (Anlage 3) ausgewiesen. Parken darf dort nur mit gut lesbar ausgelegtem oder angebrachtem Parkschein oder Parkscheibe erfolgen; Bewohner mit Parkausweis können durch Zusatzzeichen von dieser Verpflichtung freigestellt werden.

Inline-Skates. Inline-Skates und Rollschuhe werden verkehrsrechtlich als besondere Fortbewegungsmittel i. S. von § 24 StVO eingestuft. Sie werden auf die Fußgängerverkehrsflächen verwiesen. Straßenverkehrsbehörden haben aber die Möglichkeit, Skaten auf Radwegen, auf Fahrradwegen und auf Fahrbahnen unter gewissen Einschränkungen mit dem neuen Zusatzzeichen in § 31 Abs. 2 ausdrücklich zuzulassen.

Das bisherige Wartegebot für Kfz über 7,5 t an beschrankten Bahnübergängen (§ 19 Abs. 3 alt) wurde aufgehoben.

E-Kennzeichen VO 2015.[53)]

Zur Förderung der Elektromobilität können die Kommunen nunmehr Sonderrechte für Elektrofahrzeuge einzuführen, die besonders schadstoffarm sind. So können sie künftig Elektromobilen erlauben, die Busspur zu benutzen, können Parkplätze mit Ladesäulen reservieren, Elektromobile von der Parkgebühr befreien und Ausnahmen von Zu- und Durchfahrtbeschränkungen zulassen. Die bevorzugten Fahrzeuge müssen mit einem „E-Kennzeichen" ausgestattet sein.

E-Bikes, Radwegbenutzung, Rettungsgasse, örtliche Gefahrenlage; VO 2016 II.[54)]

Teil der Förderung der Elektromobilität ist auch die rechtliche Absicherung der sog. E-Bikes (gleich Pedelecs); dies sind einsitzige zweirädrige Kleinkrafträder mit elektrischem Antrieb, der sich selbständig bei einer Geschwindigkeit von 25 km/h abschaltet; Elektrofahrräder, die mit ihrem Motor höhere Geschwindigkeiten erreichen, sind als Krafträder oder Kleinkrafträder einzustufen. In dieser Verordnung sind auch weitere Verfeinerungen der Regelungen zur Radwege-Benutzung ent-

---

53) VO v. 15.9.2015 BGBl I S. 1543.

54) VO v. 30.11.2016 BGBl. I S. 2848.

halten; Neufassung § 2 Abs. 5. Wichtige Schritte in Richtung einer effektiven Absicherung von Kindergärten, allgemeinbildenden Schulen u. ä. ist die Eröffnung der Möglichkeit, auf überörtlichen Straßen Geschwindigkeitsbeschränkungen anzuordnen; Neufassung § 45 Abs. 9.

Anforderungen an Kfz-Winterbereifung VO 2017 I.[55)]

Es werden weitere konkrete Anforderungen an die Winterausstattung von Kraftfahrzeugen gestellt; Neufassung § 2 Abs. 3a; Neufassung § 52 Abs. 2 u. 3.

Benutzungsverbot von technischen Geräten während der Fahrt; Verhüllungsverbot; Konkretisierung des LKW-Fahrverbots; VO 2017 II.[56)]

Das Handy-Verbot wird, wie sich jeder Verkehrsteilnehmer täglich überzeugen kann, nicht ausreichend beachtet mit der Folge erheblicher Gefährdung auch der übrigen Verkehrsteilnehmer. Dieses Benutzungsverbot von Handys ist nunmehr noch konkreter gefasst und auf jegliche technische Geräte, die von der Konzentration auf den Straßenverkehr ablenken können, ausgeweitet worden. Geräte in diesem Sinne sind auch Geräte der Unterhaltungselektronik oder Navis, insbesondere Mobiltelefone oder Autotelefone, Berührungsbildschirme, tragbare Flachrechner, Fernseher oder Abspielgeräte mit Videofunktion oder Audiorekorder Von wenigen Ausnahmen abgesehen können derartige Geräte nur genutzt werden, wenn der Automotor abgestellt ist; § 23;

Um zu gewährleisten, dass die Identität des Fahrers bzw. der Fahrerin festgestellt werden kann, ist ein Verbot der Verdeckung oder Verhüllung des Gesichts der das Kraftfahrzeug führenden Person eingeführt worden; § 23 Abs.4.

Eine Klarstellung, welche Lkw dem Sonn- und Feiertagsfahrverbot unterliegen, führte zur Änderung von § 30 Abs. 3.

15. FAQ – Häufig gestellte Fragen

– Welche Sanktionen können bei Verstößen gegen die StVO getroffen werden?

In § 49 StVO sind die einzelnen Ordnungswidrigkeits-Tatbestände aufgeführt. In der Bußgeldkatalog-VO sind die Regelbußgelder aufgeführt, die von den Polizei- und den Ordnungs-

---

55) VO v. 18.5.2017 BGBl. I S. 1282.

56) 53. VO zur Änderung straßenverkehrsrechtliche4n Vorschriften v. 6.10. 2017 BGBl. I S. 3549.

behörden anzuwenden sind; für die Richter gelten diese Werte als Richtschnur, von der nur in Ausnahmefällen abgewichen werden kann. Das neue Punktesystem ist im Straßenverkehrsgesetz geregelt. Vgl. hierzu: K. Bauer, Einführung in den Bußgeldkatalog 4. Aufl. München 2013; K. Bauer/S. Heugel: Bußgeldkatalog und Punktesystem 10. Aufl. München 2015.

– Befugnisse der Kontrolleure und Mautkontrolleure des Bundesamtes für Güterverkehr, Köln – BAG

Auf den Bundesautobahnen kontrollieren in erster Linie die Polizeibediensteten der „Autobahn"-Polizeibehörden der Länder, ob die Verkehrsteilnehmer die StVO-Vorschriften einhalten. Daneben üben noch die Mautkontrolleure und Kontrolleure des Bundesamts für Güterverkehr mit jeweils eigener Zuständigkeit je nach Aufgabenbereichen und Vereinbarungen zwischen Bund und dem jeweiligen Land Befugnisse aus.

– Mautkontrolldienst

Die Aufgaben und Befugnisse des Mautkontrolldienstes sind im Wesentlichen dem Bundesfernstraßenmautgesetz (BFStrMG) zu entnehmen. Zu den Befugnissen gehört danach insbesondere, Kraftfahrzeuge anzuhalten und zu kontrollieren, ob die Fahrer der Mautpflicht nachgekommen sind. Die Mautkontrolleure können nach § 7 BFStrMG auch die Weiterfahrt untersagen. Es dürfen nunmehr auch Tatbestände nach dem GüKG bei Fahrzeugen/Fahrzeugkombinationen mit einem zulässigen Gesamtgewicht ab 7,5 t kontrolliert werden, die zeitgleich mit der Überprüfung der korrekten Mautentrichtung erfolgen sollen. Hierzu zählen insbesondere folgende straßenverkehrsrechtliche Vorgaben: Gewichte und Abmessungen nach § 11 Abs. 2 Nr. 3b GüKG, Fristeinhaltung zur Abgasuntersuchung AU von Kraftfahrzeugen zur Güterbeförderung (§ 11 Abs. 2 Nr. 3k GüKG), Fristeinhaltung zur Hauptuntersuchung (HU) von Kraftfahrzeugen zur Güterbeförderung (§ 12 Abs. 6 Nr. 3 GüKG) und die Rechtsvorschriften über das Sonn- und Feiertagsverbot sowie die Ferienreiseverordnung (§ 11 Abs. 2 Nr. 3 o GüKG). Es dürfen hier grds. auch Verwarnungen auf Grundlage des § 20 Abs. 2 GüKG gegen Gebietsansässige und Gebietsfremde erteilt werden, unabhängig von der fachbezogenen Zuständigkeit des Bundesamtes als Bußgeldbehörde.

– Straßenkontrolldienst

Die Aufgaben und Befugnisse des Straßenkontrolldienstes sind abschließend in § 11 und § 12 GüKG[57] geregelt. Danach ergibt sich, dass der Straßenkontrolldienst die Einhaltung von Rechtsvorschriften zu überwachen hat, zu denen auch einzelne Vorgaben der StVO, StVZO, der TechnKontrollVO nebst Anlagen und des StVG gehören. Zu nennen sind hier GüKG § 11 Abs. 2 Nr. 3 Buchstabe b (die zulässigen Abmessungen sowie die zulässigen Achsenlasten und Gesamtgewichte von Kraftfahrzeugen und Anhängern), Buchstabe f (die Beförderung gefährlicher Güter auf der Straße), Buchstabe h (die Beschaffenheit, Kennzeichnung und Benutzung von Beförderungsmitteln und Transportbehältnissen zur Beförderung von Lebensmitteln und Erzeugnissen des Weinrechts), Buchstabe k (die zulässigen Werte für Geräusche und für verunreinigende Stoffe im Abgas und von Kraftfahrzeugen zur Güterbeförderung), Buchstabe l (die Ladung).

Sofern Zuwiderhandlungen gegen die genannten Vorschriften festgestellt werden, können die BAG-Mitarbeiter gem. § 13 Abs. 1 GüKG die Weiterfahrt untersagen, gem. § 20 Abs. 1 GüKG die Zuwiderhandlungen erforschen und verfolgen und gegebenenfalls gem. § 20 Abs. 2 GüKG Verwarnungen erteilen. Voraussetzung ist jedoch, dass das Bundesamt für Güterverkehr die zur Verfolgung zuständige Behörde im Sinne des § 36 Abs. 1 Nr. 1 OWiG ist. Denn sog. Zufallsfunde, die im Rahmen einer Kontrolle entdeckt werden, werden nicht originär durch das Bundesamt für Güterverkehr verfolgt, sondern den zuständigen Behörden gemeldet.

– Autobahnverwaltung auf den Bund

Mit der Änderung von Artikel 90 des Grundgesetzes im Jahr 2017 ist es möglich, dass der Bund bzw. die zu gründende privatrechtlich handelnde Gesellschaft des Bundes die bisher durch die Auftragsverwaltung der Länder wahrgenommenen Aufgaben auf den Bundesautobahnen übernimmt. Wieweit in derartigen Fällen weiterhin die Obersten Verkehrsbehörden der Länder und die weiteren nachgeordneten Verwaltungsbehörden für die Anordnung der Verkehrs-Beschilderung und für Ausnahmen von der StVO zuständig sein werden sowie für polizeiliche und

---

[57] Güterkraftverkehrsgesetz v. 22. Juni 1998 BGBl. I S. 1485).

ordnungsrechtliche Maßnahmen, wird sich erst im weiteren Gesetzgebungsverfahren herausstellen.

– Gilt im Parkhaus die StVO?

Die Rechtsprechung befürwortet sehr extensiv die Geltung der StVO. Für die Geltung ist nicht erforderlich, dass die jeweilige Verkehrsfläche dem öffentlichen Verkehr gewidmet ist. Die StVO kann also auch auf einem Weg, der mit „Privatweg“ gekennzeichnet ist, gelten. Bei Flächen, die sich äußerlich als Fahrwege darstellen, ist die Zugehörigkeit zum öffentlichen Verkehrsraum anzunehmen, sofern nicht beim Fahren deutlich erkennbare Merkmale vorliegen, dass der öffentliche Verkehr ausgeschlossen ist. Im Parkhaus soll der öffentliche Verkehr gerade nicht ausgeschlossen werden, so dass die StVO gilt.[58)]

– Darf ein Privatmann den Verkehr lenken?

Gibt z. B. ein Beschäftigter einer Baufirma oder eines Umzugsunternehmens an Verkehrsteilnehmer Handzeichen, mit dem Ziel, den Verkehr zu lenken, so ist dies für die Verkehrsteilnehmer rechtlich unverbindlich und kann bei Verstoß dagegen keine Sanktionen nach sich ziehen. Der den Verkehr „Dirigierende“ ist kein Vertreter der zuständigen Verkehrspolizeibehörde. Nur die Zeichen und Weisungen der Polizeibeamten oder sonstiger zuständiger Behörden (z. B. von Mautkontrolleuren des Bundesamts für Güterverkehr, Köln) sind sofort vollziehbare Verwaltungsakte, die zu beachten sind. Baufirmen sind auch nicht berechtigt, Verkehrszeichen anzuordnen. Sie können sie allerdings aufstellen, wenn die zuständige Behörde das Aufstellen angeordnet hat. Allerdings kennt § 45 Abs. 7 Satz 2 eine Zustimmungsfiktion der Straßenverkehrsbehörde in besonderen Einzelfällen, wenn sich die Behörde nicht innerhalb einer Woche nach Eingang des Antrags zu der Maßnahme geäußert hat.

In § 45 Abs. 2 Satz 3 können Bahnunternehmen gewisse straßenverkehrsbezogene Maßnahmen vorschreiben; ihnen ist insoweit Hoheitsbefugnis übertragen. Ihnen gleich gestellt sind Technische Aufsichtsbehörden für unabhängige Bahnkörper bei Straßenbahnen.[59)]

[58)] Vgl. König, Peter: in Hentschel Straßenverkehrsrecht 40. Auflage, München 2009 StVO § 1 Rn. 13 ff.

[59)] VO v. 16.12.2016 BGBl. I S. 2938.

Seit 1. Januar 2006 darf die Besatzung von Fahrzeugen, die im Pannenhilfsdienst, bei Bergungsarbeiten und bei der Vorbereitung von Abschleppmaßnahmen eingesetzt wird, bei Gefahr im Verzug zur Eigensicherung, zur Absicherung des havarierten Fahrzeugs und zur Sicherung des übrigen Verkehrs an der Pannenstelle Leitkegel (Zeichen 610) aufstellen (§ 45 Abs. 7 a); insoweit sind die vorgenannten Personen mit Hoheitsfunktionen beliehen. Verstoßen Verkehrsteilnehmer gegen diese Absicherungsmaßnahmen, so verstoßen sie gegen die StVO.

– Darf der Standstreifen an Autobahnen bei Staus von den Kraftfahrern genutzt werden?

In der Regel darf der Standstreifen an Autobahnen nicht genutzt werden. Dies würde gegen das Gebot der Fahrbahnbenutzung gemäß § 2 Abs. 1 Satz StVO verstoßen.[60)] Der Standstreifen darf allerdings befahren werden, wenn eine entsprechende Beschilderung angeordnet worden ist: Zeichen 223.1 (Seitenstreifen befahren).

Für die Verwaltung

– Wer ist für Änderungen der StVO zuständig?

Das Bundesministerium für Verkehr und Digitale Infrastruktur mit Zustimmung des Bundesrats ist kraft § 6 Straßenverkehrsgesetz zum Erlass der StVO und deren Änderungen zuständig. In bestimmten Fällen sind das Bundesministerium des Inneren oder das Bundesumweltministerium zu beteiligen.

– Können Länder oder Kommunen selbst verbindliche Verkehrszeichen ergänzend zur StVO festlegen?

Dies ist nicht der Fall. Das Bundesverkehrsministerium ist für den Erlass von Verordnungen, in denen das Verkehrszeichen bekannt gegeben wird, zuständig. Die Länder oder Kommunen können nicht zusätzliche Verkehrszeichen schöpfen; derartige Verkehrszeichen wären nichtig. (Abschnitt III VwV zu § 1 StVO).

Die Rechtsnatur eines Verkehrszeichens

Die behördliche Anordnung durch die zuständige Behörde (i. d. R. die untere Straßenverkehrsbehörde) ist ein Verwaltungsakt. Die sich über viele Jahre hinziehende juristische Diskussion, ob dem Verkehrszeichen Verordnungscharakter zukommt, oder

---

60) Vgl. OVG Düsseldorf VRS 68 S. 141.

ob ein Verwaltungsakt in Form der Allgemeinverfügung anzunehmen ist, wurde durch die grundlegende Entscheidung des Bundesverwaltungsgerichts vom 27. 1. 1993 (DAR 93, 400) weitgehend beendet.[61] Das Anbringen bzw. Aufstellen des Verkehrszeichens an oder über der Straße ist der Realakt der Bekanntgabe des Verwaltungsakts.

Sind auf der Straße aufgetragene Verkehrszeichen rechtlich verbindlich?

Es handelt sich dabei um die Wiedergabe eines Verkehrszeichens, die lediglich dem Hinweis auf ein angebrachtes Verkehrszeichen dient. Die verbindliche Rechtswirkung kann nur das gleichzeitig angeordnete Verkehrszeichen rechts neben der Fahrbahn oder über der Fahrbahn entfalten (§ 39 Abs. 5 Satz 8). Weiße und – vorübergehend – gelbe Markierungen sind jedoch verbindliche Verkehrszeichen (§ 39 Abs. 5).

– Kann in der Planfeststellung für eine Straßenbaumaßnahme die Verkehrsregelung festgelegt werden?

Im Planfeststellungsbeschluss sind verkehrsrechtliche Regelungen nicht zu treffen, sofern sie nicht als konzeptioneller Teil der planfestzustellenden Straße anzusehen sind (Nr. 32 Abs. 6 Planfeststellungs-Richtlinien 2008 des BMVBS).

– Sind Zusagen der Behörde gegenüber dem Bürger für das Anbringen von Verkehrszeichen möglich?

Dies ist in der Regel nicht der Fall. In besonderen Ausnahmefällen hat die Rechtsprechung dies bejaht.

– Kostentragung bei Verkehrsschildern und bei den (braunen) touristischen Hinweisschildern?

In § 5 b Abs. 1und 2 StVG ist festgelegt, wer die Kosten für die Beschaffung, Anbringung, Unterhaltung und Entfernung der Verkehrszeichen und Verkehrseinrichtungen zu tragen hat; dies ist in der Regel der Baulastträger der Straße.

Die Kosten für die Zeichen für touristische Hinweise, touristische Routen und touristische Unterrichtungstafeln 386.1, 386.2, 386.3 trägt derjenige, der die Aufstellung der Zeichen beantragt (§ 51 StVO).

---

[61] Vgl. Bauer, Konrad in: Kodal Straßenrecht, 7. Auflage München 2010 S. 1645.

Straßenverkehrs-Ordnung (StVO)

Vom 6. März 2013 (BGBl. I S. 367)

geänd. durch Art. 1 49. VO zur Änd. straßenverkehrsrechtlicher Vorschriften v. 22.10.2014 (BGBl. I S. 1635), Art. 2 50. VO zur Änd. straßenverkehrsrechtlicher Vorschriften v. 15.9.2015 (BGBl. I S. 1573), Art. 2 51. VO zur Änd. straßenverkehrsrechtlicher Vorschriften v. 17.6.2016 (BGBl. I S. 1463), Erste ÄndVO v. 30.11.2016 (BGBl. I S. 2848), Art. 2 VO zur Änd. der Straßenbahn-Bau- und Betriebsordnung und der StVO v. 16.12.2016 (BGBl. I S. 2938), Art. 1 52. VO zur Änd. straßenverkehrsrechtlicher Vorschriften v. 18.5.2017 (BGBl. I S. 1282), Art. 4 56. StrafrechtsänderungsG v. 30.9.2017 (BGBl. I S. 3532), Art. 1 53. VO zur Änd. straßenverkehrsrechtlicher Vorschriften v. 6.10.2017 (BGBl. I S. 3549)

FNA 9233-2

Inhaltsübersicht

I. Allgemeine Verkehrsregeln

II. Zeichen und Verkehrseinrichtungen

III. Durchführungs-, Bußgeld- und Schlussvorschriften

I. Allgemeine Verkehrsregeln

§ 1. Grundregeln. (1) Die Teilnahme am Straßenverkehr erfordert ständige Vorsicht und gegenseitige Rücksicht.

(2) Wer am Verkehr teilnimmt hat sich so zu verhalten, dass kein Anderer geschädigt, gefährdet oder mehr, als nach den Umständen unvermeidbar, behindert oder belästigt wird.

§ 2. Straßenbenutzung durch Fahrzeuge. (1) [1]Fahrzeuge müssen die Fahrbahnen benutzen, von zwei Fahrbahnen die rechte. [2]Seitenstreifen sind nicht Bestandteil der Fahrbahn.

(2) Es ist möglichst weit rechts zu fahren, nicht nur bei Gegenverkehr, beim Überholtwerden, an Kuppen, in Kurven oder bei Unübersichtlichkeit.

(3) Fahrzeuge, die in der Längsrichtung einer Schienenbahn verkehren, müssen diese, soweit möglich, durchfahren lassen.

(3a) [1]Der Führer eines Kraftfahrzeuges darf dies bei Glatteis, Schneeglätte, Schneematsch, Eisglätte oder Reifglätte nur fahren, wenn alle Räder mit Reifen ausgerüstet sind, die unbeschadet der allgemeinen Anforderungen an die Bereifung den Anforderungen des § 36 Absatz 4 der Straßenverkehrs-Zulassungs-Ordnung genügen. [2]Satz 1 gilt nicht für

1. Nutzfahrzeuge der Land- und Forstwirtschaft,
2. einspurige Kraftfahrzeuge,
3. Stapler im Sinne des § 2 Nummer 18 der Fahrzeug-Zulassungsverordnung,
4. motorisierte Krankenfahrstühle im Sinne des § 2 Nummer 13 der Fahrzeug-Zulassungs-Verordnung,
5. Einsatzfahrzeuge der in § 35 Absatz 1 genannten Organisationen, soweit für diese Fahrzeuge bauartbedingt keine Reifen verfügbar sind, die den Anforderungen des § 36 Absatz 4 der Straßenverkehrs-Zulassungs-Ordnung genügen und
6. Spezialfahrzeuge, für die bauartbedingt keine Reifen der Kategorien C1, C2 oder C3 verfügbar sind.

[3]Kraftfahrzeuge der Klassen M2, M3, N2, N3 dürfen bei solchen Wetterbedingungen auch gefahren werden, wenn mindestens die Räder

1. der permanent angetriebenen Achsen und
2. der vorderen Lenkachsen

mit Reifen ausgerüstet sind, die unbeschadet der allgemeinen Anforderungen an die Bereifung den Anforderungen des § 36 Absatz 4 der Straßenverkehrs-Zulassungs-Ordnung genügen. [4] Soweit ein Kraftfahrzeug während einer der in Satz 1 bezeichneten Witterungslagen ohne eine den Anforderungen des § 36 Absatz 4 der Straßenverkehrs-Zulassungs-Ordnung genügende Bereifung geführt werden darf, hat der Führer des Kraftfahrzeuges über seine allgemeinen Verpflichtungen hinaus

1. vor Antritt jeder Fahrt zu prüfen, ob es erforderlich ist, die Fahrt durchzuführen, da das Ziel mit anderen Verkehrsmitteln nicht erreichbar ist,
2. während der Fahrt
   a) einen Abstand in Metern zu einem vorausfahrenden Fahrzeug von mindestens der Hälfte des auf dem Geschwindigkeitsmesser in km/h angezeigten Zahlenwertes der gefahrenen Geschwindigkeit einzuhalten,
   b) nicht schneller als 50 km/h zu fahren, wenn nicht eine geringere Geschwindigkeit geboten ist.

[5] Wer ein kennzeichnungspflichtiges Fahrzeug mit gefährlichen Gütern führt, muss bei einer Sichtweite unter 50 m, bei Schneeglätte oder Glatteis jede Gefährdung Anderer ausschließen und wenn nötig den nächsten geeigneten Platz zum Parken aufsuchen.

(4) [1] Mit Fahrrädern muss einzeln hintereinander gefahren werden; nebeneinander darf nur gefahren werden, wenn dadurch der Verkehr nicht behindert wird. [2] Eine Pflicht, Radwege in der jeweiligen Fahrtrichtung zu benutzen, besteht nur, wenn dies durch Zeichen 237, 240 oder 241 angeordnet ist. [3] Rechte Radwege ohne die Zeichen 237, 240 oder 241 dürfen benutzt werden. [4] Linke Radwege ohne die Zeichen 237, 240 oder 241 dürfen nur benutzt werden, wenn dies durch das allein stehende Zusatzzeichen „Radverkehr frei“ angezeigt ist. [5] Wer mit dem Rad fährt, darf ferner rechte Seitenstreifen benutzen, wenn keine Radwege vorhanden sind und zu Fuß Gehende nicht behindert werden. [6] Außerhalb geschlossener Ortschaften darf man mit Mofas und E-Bikes Radwege benutzen.

(5) [1]Kinder bis zum vollendeten achten Lebensjahr müssen, Kinder bis zum vollendeten zehnten Lebensjahr dürfen mit Fahrrädern Gehwege benutzen. [2]Ist ein baulich von der Fahrbahn getrennter Radweg vorhanden, so dürfen abweichend von Satz 1 Kinder bis zum vollendeten achten Lebensjahr auch diesen Radweg benutzen. [3]Soweit ein Kind bis zum vollendeten achten Lebensjahr von einer geeigneten Aufsichtsperson begleitet wird, darf diese Aufsichtsperson für die Dauer der Begleitung den Gehweg ebenfalls mit dem Fahrrad benutzen; eine Aufsichtsperson ist insbesondere geeignet, wenn diese mindestens 16 Jahre alt ist. [4]Auf zu Fuß Gehende ist besondere Rücksicht zu nehmen. [5]Der Fußgängerverkehr darf weder gefährdet noch behindert werden. [6]Soweit erforderlich, muss die Geschwindigkeit an den Fußgängerverkehr angepasst werden. [7]Vor dem Überqueren einer Fahrbahn müssen die Kinder und die diese begleitende Aufsichtsperson absteigen.

§ 3. Geschwindigkeit. (1) [1]Wer ein Fahrzeug führt, darf nur so schnell fahren, dass das Fahrzeug ständig beherrscht wird. [2]Die Geschwindigkeit ist insbesondere den Straßen-, Verkehrs-, Sicht- und Wetterverhältnissen sowie den persönlichen Fähigkeiten und den Eigenschaften von Fahrzeug und Ladung anzupassen. [3]Beträgt die Sichtweite durch Nebel, Schneefall oder Regen weniger als 50 m, darf nicht schneller als 50 km/h gefahren werden, wenn nicht eine geringere Geschwindigkeit geboten ist. [4]Es darf nur so schnell gefahren werden, dass innerhalb der übersehbaren Strecke gehalten werden kann. [5]Auf Fahrbahnen, die so schmal sind, dass dort entgegenkommende Fahrzeuge gefährdet werden könnten, muss jedoch so langsam gefahren werden, dass mindestens innerhalb der Hälfte der übersehbaren Strecke gehalten werden kann.

(2) Ohne triftigen Grund dürfen Kraftfahrzeuge nicht so langsam fahren, dass sie den Verkehrsfluss behindern.

(2a) Wer ein Fahrzeug führt, muss sich gegenüber Kindern, hilfsbedürftigen und älteren Menschen, insbesondere durch Verminderung der Fahrgeschwindigkeit und durch Bremsbereitschaft, so verhalten, dass eine Gefährdung dieser Verkehrsteilnehmer ausgeschlossen ist.

(3) Die zulässige Höchstgeschwindigkeit beträgt auch unter günstigsten Umständen

1. innerhalb geschlossener Ortschaften für alle Kraftfahrzeuge 50 km/h,
2. außerhalb geschlossener Ortschaften
   a) für
      aa) Kraftfahrzeuge mit einer zulässigen Gesamtmasse über 3,5 t bis 7,5 t, ausgenommen Personenkraftwagen,
      bb) Personenkraftwagen mit Anhänger,
      cc) Lastkraftwagen und Wohnmobile jeweils bis zu einer zulässigen Gesamtmasse von 3,5 t mit Anhänger sowie
      dd) Kraftomnibusse, auch mit Gepäckanhänger,

      80 km/h,
   b) für
      aa) Kraftfahrzeuge mit einer zulässigen Gesamtmasse über 7,5 t,
      bb) alle Kraftfahrzeuge mit Anhänger, ausgenommen Personenkraftwagen, Lastkraftwagen und Wohnmobile jeweils bis zu einer zulässigen Gesamtmasse von 3,5 t, sowie
      cc) Kraftomnibusse mit Fahrgästen, für die keine Sitzplätze mehr zur Verfügung stehen,

      60 km/h,
   c) für Personenkraftwagen sowie für andere Kraftfahrzeuge mit einer zulässigen Gesamtmasse bis 3,5 t

      100 km/h.

Diese Geschwindigkeitsbeschränkung gilt nicht auf Autobahnen (Zeichen 330.1) sowie auf anderen Straßen mit Fahrbahnen für eine Richtung, die durch Mittelstreifen oder sonstige bauliche Einrichtungen getrennt sind. Sie gilt ferner nicht auf Straßen, die mindestens zwei durch Fahrstreifenbegrenzung (Zeichen 295) oder durch Leitlinien (Zeichen 340) markierte Fahrstreifen für jede Richtung haben.

(4) Die zulässige Höchstgeschwindigkeit beträgt für Kraftfahrzeuge mit Schneeketten auch unter günstigsten Umständen 50 km/h.

§ 4. Abstand. (1) [1]Der Abstand zu einem vorausfahrenden Fahrzeug muss in der Regel so groß sein, dass auch dann hinter diesem gehalten werden kann, wenn es plötzlich gebremst wird.

[2] Wer vorausfährt, darf nicht ohne zwingenden Grund stark bremsen.

(2) [1] Wer ein Kraftfahrzeug führt, für das eine besondere Geschwindigkeitsbeschränkung gilt, sowie einen Zug führt, der länger als 7 m ist, muss außerhalb geschlossener Ortschaften ständig so großen Abstand von dem vorausfahrenden Kraftfahrzeug halten, dass ein überholendes Kraftfahrzeug einscheren kann. [2] Das gilt nicht,

1. wenn zum Überholen ausgeschert wird und dies angekündigt wurde,
2. wenn in der Fahrtrichtung mehr als ein Fahrstreifen vorhanden ist oder
3. auf Strecken, auf denen das Überholen verboten ist.

(3) Wer einen Lastkraftwagen mit einer zulässigen Gesamtmasse über 3,5 t oder einen Kraftomnibus führt, muss auf Autobahnen, wenn die Geschwindigkeit mehr als 50 km/h beträgt, zu vorausfahrenden Fahrzeugen einen Mindestabstand von 50 m einhalten.

§ 5. Überholen. (1) Es ist links zu überholen.

(2) [1] Überholen darf nur, wer übersehen kann, dass während des ganzen Überholvorgangs jede Behinderung des Gegenverkehrs ausgeschlossen ist. [2] Überholen darf ferner nur, wer mit wesentlich höherer Geschwindigkeit als der zu Überholende fährt.

(3) Das Überholen ist unzulässig:

1. bei unklarer Verkehrslage oder
2. wenn es durch ein angeordnetes Verkehrszeichen (Zeichen 276, 277) untersagt ist.

(3a) Wer ein Kraftfahrzeug mit einer zulässigen Gesamtmasse über 7,5 t führt, darf unbeschadet sonstiger Überholverbote nicht überholen, wenn die Sichtweite durch Nebel, Schneefall oder Regen weniger als 50 m beträgt.

(4) [1] Wer zum Überholen ausscheren will, muss sich so verhalten, dass eine Gefährdung des nachfolgenden Verkehrs ausgeschlossen ist. [2] Beim Überholen muss ein ausreichender Seitenabstand zu anderen Verkehrsteilnehmern, insbesondere zu den zu Fuß Gehenden und zu den Rad Fahrenden, eingehalten

werden. [3] Wer überholt, muss sich so bald wie möglich wieder nach rechts einordnen. [4] Wer überholt, darf dabei denjenigen, der überholt wird, nicht behindern.

(4a) Das Ausscheren zum Überholen und das Wiedereinordnen sind rechtzeitig und deutlich anzukündigen; dabei sind die Fahrtrichtungsanzeiger zu benutzen.

(5) [1] Außerhalb geschlossener Ortschaften darf das Überholen durch kurze Schall- oder Leuchtzeichen angekündigt werden. [2] Wird mit Fernlicht geblinkt, dürfen entgegenkommende Fahrzeugführende nicht geblendet werden.

(6) [1] Wer überholt wird, darf seine Geschwindigkeit nicht erhöhen. [2] Wer ein langsameres Fahrzeug führt, muss die Geschwindigkeit an geeigneter Stelle ermäßigen, notfalls warten, wenn nur so mehreren unmittelbar folgenden Fahrzeugen das Überholen möglich ist. [3] Hierzu können auch geeignete Seitenstreifen in Anspruch genommen werden; das gilt nicht auf Autobahnen.

(7) [1] Wer seine Absicht, nach links abzubiegen, ankündigt und sich eingeordnet hat, ist rechts zu überholen. [2] Schienenfahrzeuge sind rechts zu überholen. [3] Nur wer das nicht kann, weil die Schienen zu weit rechts liegen, darf links überholen. [4] Auf Fahrbahnen für eine Richtung dürfen Schienenfahrzeuge auch links überholt werden.

(8) Ist ausreichender Raum vorhanden, dürfen Rad Fahrende und Mofa Fahrende die Fahrzeuge, die auf dem rechten Fahrstreifen warten, mit mäßiger Geschwindigkeit und besonderer Vorsicht rechts überholen.

§ 6. Vorbeifahren. [1] Wer an einer Fahrbahnverengung, einem Hindernis auf der Fahrbahn oder einem haltenden Fahrzeug links vorbeifahren will, muss entgegenkommende Fahrzeuge durchfahren lassen. [2] Satz 1 gilt nicht, wenn der Vorrang durch Verkehrszeichen (Zeichen 208, 308) anders geregelt ist. [3] Muss ausgeschert werden, ist auf den nachfolgenden Verkehr zu achten und das Ausscheren sowie das Wiedereinordnen – wie beim Überholen – anzukündigen.

§ 7. Benutzung von Fahrstreifen durch Kraftfahrzeuge. (1) [1] Auf Fahrbahnen mit mehreren Fahrstreifen für eine Richtung dürfen Kraftfahrzeuge von dem Gebot möglichst weit rechts zu fahren (§ 2 Absatz 2) abweichen, wenn die Verkehrsdichte das rechtfertigt. [2]Fahrstreifen ist der Teil einer Fahrbahn, den ein mehrspuriges Fahrzeug zum ungehinderten Fahren im Verlauf der Fahrbahn benötigt.

(2) Ist der Verkehr so dicht, dass sich auf den Fahrstreifen für eine Richtung Fahrzeugschlangen gebildet haben, darf rechts schneller als links gefahren werden.

(2a) Wenn auf der Fahrbahn für eine Richtung eine Fahrzeugschlange auf dem jeweils linken Fahrstreifen steht oder langsam fährt, dürfen Fahrzeuge diese mit geringfügig höherer Geschwindigkeit und mit äußerster Vorsicht rechts überholen.

(3) [1]Innerhalb geschlossener Ortschaften – ausgenommen auf Autobahnen (Zeichen 330.1) – dürfen Kraftfahrzeuge mit einer zulässigen Gesamtmasse bis zu 3,5 t auf Fahrbahnen mit mehreren markierten Fahrstreifen für eine Richtung (Zeichen 296 oder 340) den Fahrstreifen frei wählen, auch wenn die Voraussetzungen des Absatzes 1 Satz 1 nicht vorliegen. [2]Dann darf rechts schneller als links gefahren werden.

(3a) [1]Sind auf einer Fahrbahn für beide Richtungen insgesamt drei Fahrstreifen durch Leitlinien (Zeichen 340) markiert, dann dürfen der linke, dem Gegenverkehr vorbehaltene, und der mittlere Fahrstreifen nicht zum Überholen benutzt werden. [2]Dasselbe gilt für Fahrbahnen, wenn insgesamt fünf Fahrstreifen für beide Richtungen durch Leitlinien (Zeichen 340) markiert sind, für die zwei linken, dem Gegenverkehr vorbehaltenen, und den mittleren Fahrstreifen. [3]Wer nach links abbiegen will, darf sich bei insgesamt drei oder fünf Fahrstreifen für beide Richtungen auf dem jeweils mittleren Fahrstreifen in Fahrtrichtung einordnen.

(3b) [1]Auf Fahrbahnen für beide Richtungen mit vier durch Leitlinien (Zeichen 340) markierten Fahrstreifen sind die beiden in Fahrtrichtung linken Fahrstreifen ausschließlich dem Gegenverkehr vorbehalten; sie dürfen nicht zum Überholen benutzt werden. [2]Dasselbe gilt auf sechsstreifigen Fahrbahnen für die drei in Fahrtrichtung linken Fahrstreifen.

(3c) [1]Sind außerhalb geschlossener Ortschaften für eine Richtung drei Fahrstreifen mit Zeichen 340 gekennzeichnet, dürfen Kraftfahrzeuge, abweichend von dem Gebot möglichst weit rechts zu fahren, den mittleren Fahrstreifen dort durchgängig befahren, wo – auch nur hin und wieder – rechts davon ein

Fahrzeug hält oder fährt. [2]Dasselbe gilt auf Fahrbahnen mit mehr als drei so markierten Fahrstreifen für eine Richtung für den zweiten Fahrstreifen von rechts. [3]Den linken Fahrstreifen dürfen außerhalb geschlossener Ortschaften Lastkraftwagen mit einer zulässigen Gesamtmasse von mehr als 3,5 t sowie alle Kraftfahrzeuge mit Anhänger nur benutzen, wenn sie sich dort zum Zwecke des Linksabbiegens einordnen.

(4) Ist auf Straßen mit mehreren Fahrstreifen für eine Richtung das durchgehende Befahren eines Fahrstreifens nicht möglich oder endet ein Fahrstreifen, ist den am Weiterfahren gehinderten Fahrzeugen der Übergang auf den benachbarten Fahrstreifen in der Weise zu ermöglichen, dass sich diese Fahrzeuge unmittelbar vor Beginn der Verengung jeweils im Wechsel nach einem auf dem durchgehenden Fahrstreifen fahrenden Fahrzeug einordnen können (Reißverschlussverfahren).

(5) [1]In allen Fällen darf ein Fahrstreifen nur gewechselt werden, wenn eine Gefährdung anderer Verkehrsteilnehmer ausgeschlossen ist. [2]Jeder Fahrstreifenwechsel ist rechtzeitig und deutlich anzukündigen; dabei sind die Fahrtrichtungsanzeiger zu benutzen.

§ 7a. Abgehende Fahrstreifen, Einfädelungs- und Ausfädelungsstreifen. (1) Gehen Fahrstreifen, insbesondere auf Autobahnen und Kraftfahrstraßen, von der durchgehenden Fahrbahn ab, darf beim Abbiegen vom Beginn einer breiten Leitlinie (Zeichen 340) rechts von dieser schneller als auf der durchgehenden Fahrbahn gefahren werden.

(2) Auf Autobahnen und anderen Straßen außerhalb geschlossener Ortschaften darf auf Einfädelungsstreifen schneller gefahren werden als auf den durchgehenden Fahrstreifen.

(3) [1]Auf Ausfädelungsstreifen darf nicht schneller gefahren werden als auf den durchgehenden Fahrstreifen. [2]Stockt oder steht der Verkehr auf den durchgehenden Fahrstreifen, darf auf dem Ausfädelungsstreifen mit mäßiger Geschwindigkeit und besonderer Vorsicht überholt werden.

§ 8. Vorfahrt. (1) [1]An Kreuzungen und Einmündungen hat die Vorfahrt, wer von rechts kommt. [2]Das gilt nicht,

1. wenn die Vorfahrt durch Verkehrszeichen besonders geregelt ist (Zeichen 205, 206, 301, 306) oder

2. für Fahrzeuge, die aus einem Feld- oder Waldweg auf eine andere Straße kommen.

(1a) [1] Ist an der Einmündung in einen Kreisverkehr Zeichen 215 (Kreisverkehr) unter dem Zeichen 205 (Vorfahrt gewähren) angeordnet, hat der Verkehr auf der Kreisfahrbahn Vorfahrt. [2] Bei der Einfahrt in einen solchen Kreisverkehr ist die Benutzung des Fahrtrichtungsanzeigers unzulässig.

(2) [1] Wer die Vorfahrt zu beachten hat, muss rechtzeitig durch sein Fahrverhalten, insbesondere durch mäßige Geschwindigkeit, erkennen lassen, dass gewartet wird. [2] Es darf nur weitergefahren werden, wenn übersehen werden kann, dass wer die Vorfahrt hat, weder gefährdet noch wesentlich behindert wird. [3] Kann das nicht übersehen werden, weil die Straßenstelle unübersichtlich ist, so darf sich vorsichtig in die Kreuzung oder Einmündung hineingetastet werden, bis die Übersicht gegeben ist. [4] Wer die Vorfahrt hat, darf auch beim Abbiegen in die andere Straße nicht wesentlich durch den Wartepflichtigen behindert werden.

§ 9. Abbiegen, Wenden und Rückwärtsfahren. (1) [1] Wer abbiegen will, muss dies rechtzeitig und deutlich ankündigen; dabei sind die Fahrtrichtungsanzeiger zu benutzen. [2] Wer nach rechts abbiegen will, hat sein Fahrzeug möglichst weit rechts, wer nach links abbiegen will, bis zur Mitte, auf Fahrbahnen für eine Richtung möglichst weit links, einzuordnen, und zwar rechtzeitig. [3] Wer nach links abbiegen will, darf sich auf längs verlegten Schienen nur einordnen, wenn kein Schienenfahrzeug behindert wird. [4] Vor dem Einordnen und nochmals vor dem Abbiegen ist auf den nachfolgenden Verkehr zu achten; vor dem Abbiegen ist es dann nicht nötig, wenn eine Gefährdung nachfolgenden Verkehrs ausgeschlossen ist.

(2) [1] Wer mit dem Fahrrad nach links abbiegen will, braucht sich nicht einzuordnen, wenn die Fahrbahn hinter der Kreuzung oder Einmündung vom rechten Fahrbahnrand aus überquert werden soll. [2] Beim Überqueren ist der Fahrzeugverkehr aus beiden Richtungen zu beachten. [3] Wer über eine Radverkehrsführung abbiegt, muss dieser im Kreuzungs- oder Einmündungsbereich folgen.

(3) [1] Wer abbiegen will, muss entgegenkommende Fahrzeuge durchfahren lassen, Schienenfahrzeuge, Fahrräder mit Hilfs-

motor und Fahrräder auch dann, wenn sie auf oder neben der Fahrbahn in der gleichen Richtung fahren. [2]Dies gilt auch gegenüber Linienomnibussen und sonstigen Fahrzeugen, die gekennzeichnete Sonderfahrstreifen benutzen. [3]Auf zu Fuß Gehende ist besondere Rücksicht zu nehmen; wenn nötig, ist zu warten.

(4) [1]Wer nach links abbiegen will, muss entgegenkommende Fahrzeuge, die ihrerseits nach rechts abbiegen wollen, durchfahren lassen. [2]Einander entgegenkommende Fahrzeuge, die jeweils nach links abbiegen wollen, müssen voreinander abbiegen, es sei denn, die Verkehrslage oder die Gestaltung der Kreuzung erfordern, erst dann abzubiegen, wenn die Fahrzeuge aneinander vorbeigefahren sind.

(5) Wer ein Fahrzeug führt, muss sich beim Abbiegen in ein Grundstück, beim Wenden und beim Rückwärtsfahren darüber hinaus so verhalten, dass eine Gefährdung anderer Verkehrsteilnehmer ausgeschlossen ist; erforderlichenfalls muss man sich einweisen lassen.

§ 10. Einfahren und Anfahren. [1]Wer aus einem Grundstück, aus einer Fußgängerzone (Zeichen 242.1 und 242.2), aus einem verkehrsberuhigten Bereich (Zeichen 325.1 und 325.2) auf die Straße oder von anderen Straßenteilen oder über einen abgesenkten Bordstein hinweg auf die Fahrbahn einfahren oder vom Fahrbahnrand anfahren will, hat sich dabei so zu verhalten, dass eine Gefährdung anderer Verkehrsteilnehmer ausgeschlossen ist; erforderlichenfalls muss man sich einweisen lassen. [2]Die Absicht einzufahren oder anzufahren ist rechtzeitig und deutlich anzukündigen; dabei sind die Fahrtrichtungsanzeiger zu benutzen. [3]Dort, wo eine Klarstellung notwendig ist, kann Zeichen 205 stehen.

§ 11. Besondere Verkehrslagen. (1) Stockt der Verkehr, darf trotz Vorfahrt oder grünem Lichtzeichen nicht in die Kreuzung oder Einmündung eingefahren werden, wenn auf ihr gewartet werden müsste.

(2) Sobald Fahrzeuge auf Autobahnen sowie auf Außerortsstraßen mit mindestens zwei Fahrstreifen für eine Richtung mit Schrittgeschwindigkeit fahren oder sich die Fahrzeuge im Stillstand befinden, müssen diese Fahrzeuge für die Durchfahrt von Polizei- und Hilfsfahrzeugen zwischen dem äußerst linken und

dem unmittelbar rechts daneben liegenden Fahrstreifen für eine Richtung eine freie Gasse bilden.

(3) Auch wer sonst nach den Verkehrsregeln weiterfahren darf oder anderweitig Vorrang hat, muss darauf verzichten, wenn die Verkehrslage es erfordert; auf einen Verzicht darf man nur vertrauen, wenn man sich mit dem oder der Verzichtenden verständigt hat.

§ 12. Halten und Parken. (1) Das Halten ist unzulässig

1. an engen und an unübersichtlichen Straßenstellen,
2. im Bereich von scharfen Kurven,
3. auf Einfädelungs- und auf Ausfädelungsstreifen,
4. auf Bahnübergängen,
5. vor und in amtlich gekennzeichneten Feuerwehrzufahrten.

(2) Wer sein Fahrzeug verlässt oder länger als drei Minuten hält, der parkt.

(3) Das Parken ist unzulässig

1. vor und hinter Kreuzungen und Einmündungen bis zu je 5 m von den Schnittpunkten der Fahrbahnkanten,
2. wenn es die Benutzung gekennzeichneter Parkflächen verhindert,
3. vor Grundstücksein- und -ausfahrten, auf schmalen Fahrbahnen auch ihnen gegenüber,
4. über Schachtdeckeln und anderen Verschlüssen, wo durch Zeichen 315 oder eine Parkflächenmarkierung (Anlage 2 Nummer 74) das Parken auf Gehwegen erlaubt ist,
5. vor Bordsteinabsenkungen.

(3a) [1] Mit Kraftfahrzeugen mit einer zulässigen Gesamtmasse über 7,5 t sowie mit Kraftfahrzeuganhängern über 2 t zulässiger Gesamtmasse ist innerhalb geschlossener Ortschaften

1. in reinen und allgemeinen Wohngebieten,
2. in Sondergebieten, die der Erholung dienen,
3. in Kurgebieten und
4. in Klinikgebieten

das regelmäßige Parken in der Zeit von 22.00 bis 06.00 Uhr sowie an Sonn- und Feiertagen unzulässig. [2] Das gilt nicht auf entsprechend gekennzeichneten Parkplätzen sowie für das Parken von Linienomnibussen an Endhaltestellen.

(3b) [1]Mit Kraftfahrzeuganhängern ohne Zugfahrzeug darf nicht länger als zwei Wochen geparkt werden. [2]Das gilt nicht auf entsprechend gekennzeichneten Parkplätzen.

(4) [1]Zum Parken ist der rechte Seitenstreifen, dazu gehören auch entlang der Fahrbahn angelegte Parkstreifen, zu benutzen, wenn er dazu ausreichend befestigt ist, sonst ist an den rechten Fahrbahnrand heranzufahren. [2]Das gilt in der Regel auch, wenn man nur halten will; jedenfalls muss man auch dazu auf der rechten Fahrbahnseite rechts bleiben. [3]Taxen dürfen, wenn die Verkehrslage es zulässt, neben anderen Fahrzeugen, die auf ,dem Seitenstreifen oder am rechten Fahrbahnrand halten oder parken, Fahrgäste ein- oder aussteigen lassen. [4]Soweit auf der rechten Seite Schienen liegen sowie in Einbahnstraßen (Zeichen 220) darf links gehalten und geparkt werden. [5]Im Fahrraum von Schienenfahrzeugen darf nicht gehalten werden.

(4a) Ist das Parken auf dem Gehweg erlaubt, ist hierzu nur der rechte Gehweg, in Einbahnstraßen der rechte oder linke Gehweg, zu benutzen.

(5) [1]An einer Parklücke hat Vorrang, wer sie zuerst unmittelbar erreicht; der Vorrang bleibt erhalten, wenn der Berechtigte an der Parklücke vorbeifährt, um rückwärts einzuparken oder wenn sonst zusätzliche Fahrbewegungen ausgeführt werden, um in die Parklücke einzufahren. [2]Satz 1 gilt entsprechend, wenn an einer frei werdenden Parklücke gewartet wird.

(6) Es ist platzsparend zu parken; das gilt in der Regel auch für das Halten.

§ 13. Einrichtungen zur Überwachung der Parkzeit. (1) [1]An Parkuhren darf nur während des Laufens der Uhr, an Parkscheinautomaten nur mit einem Parkschein, der am oder im Fahrzeug von außen gut lesbar angebracht sein muss, für die Dauer der zulässigen Parkzeit gehalten werden. [2]Ist eine Parkuhr oder ein Parkscheinautomat nicht funktionsfähig, darf nur bis zur angegebenen Höchstparkdauer geparkt werden. [3]In diesem Fall ist die Parkscheibe zu verwenden (Absatz 2 Satz 1 Nummer 2). [4]Die Parkzeitregelungen können auf bestimmte Stunden oder Tage beschränkt sein.

(2) [1]Wird im Bereich eines eingeschränkten Haltverbots für eine Zone (Zeichen 290.1 und 290.2) oder einer Parkraumbewirtschaftungszone (Zeichen 314.1 und 314.2) oder bei den Zeichen 314 oder 315 durch ein Zusatzzeichen die Benutzung einer Parkscheibe (Bild 318) vorgeschrieben, ist das Halten und Parken nur erlaubt

1. für die Zeit, die auf dem Zusatzzeichen angegeben ist, und,
2. soweit das Fahrzeug eine von außen gut lesbare Parkscheibe hat und der Zeiger der Scheibe auf den Strich der halben Stunde eingestellt ist, die dem Zeitpunkt des Anhaltens folgt.

[2]Sind in einem eingeschränkten Haltverbot für eine Zone oder einer Parkraumbewirtschaftungszone Parkuhren oder Parkscheinautomaten aufgestellt, gelten deren Anordnungen. [3]Im Übrigen bleiben die Vorschriften über die Halt- und Parkverbote unberührt.

(3) [1]Die in den Absätzen 1 und 2 genannten Einrichtungen zur Überwachung der Parkzeit müssen nicht betätigt werden, soweit die Entrichtung der Parkgebühren und die Überwachung der Parkzeit auch durch elektronische Einrichtungen oder Vorrichtungen, insbesondere Taschenparkuhren oder Mobiltelefone, sichergestellt werden kann. [2]Satz 1 gilt nicht, soweit eine dort genannte elektronische Einrichtung oder Vorrichtung nicht funktionsfähig ist.

(4) Einrichtungen und Vorrichtungen zur Überwachung der Parkzeit brauchen nicht betätigt zu werden

1. beim Ein- oder Aussteigen sowie
2. zum Be- oder Entladen.

§ 14. Sorgfaltspflichten beim Ein- und Aussteigen. (1) Wer ein- oder aussteigt, muss sich so verhalten, dass eine Gefährdung anderer am Verkehr Teilnehmenden ausgeschlossen ist.

(2) [1]Wer ein Fahrzeug führt, muss die nötigen Maßnahmen treffen, um Unfälle oder Verkehrsstörungen zu vermeiden, wenn das Fahrzeug verlassen wird. [2]Kraftfahrzeuge sind auch gegen unbefugte Benutzung zu sichern.

§ 15. Liegenbleiben von Fahrzeugen. [1]Bleibt ein mehrspuriges Fahrzeug an einer Stelle liegen, an der es nicht rechtzeitig als stehendes Hindernis erkannt werden kann, ist sofort Warnblinklicht einzuschalten. [2]Danach ist mindestens ein auffällig warnendes Zeichen gut sichtbar in ausreichender Entfernung aufzustellen, und zwar bei schnellem Verkehr in etwa 100 m Entfernung; vorgeschriebene Sicherungsmittel, wie Warndreiecke, sind zu verwenden. [3]Darüber hinaus gelten die Vorschriften über die Beleuchtung haltender Fahrzeuge.

§ 15a. Abschleppen von Fahrzeugen. (1) Beim Abschleppen eines auf der Autobahn liegen gebliebenen Fahrzeugs ist die Autobahn (Zeichen 330.1) bei der nächsten Ausfahrt zu verlassen.

(2) Beim Abschleppen eines außerhalb der Autobahn liegen gebliebenen Fahrzeugs darf nicht in die Autobahn (Zeichen 330.1) eingefahren werden.

(3) Während des Abschleppens haben beide Fahrzeuge Warnblinklicht einzuschalten.

(4) Krafträder dürfen nicht abgeschleppt werden.

§ 16. Warnzeichen. (1) Schall- und Leuchtzeichen darf nur geben,

1. wer außerhalb geschlossener Ortschaften überholt (§ 5 Absatz 5) oder
2. wer sich oder Andere gefährdet sieht.

(2) [1]Wer einen Omnibus des Linienverkehrs oder einen gekennzeichneten Schulbus führt, muss Warnblinklicht einschalten, wenn er sich einer Haltestelle nähert und solange Fahrgäste ein- oder aussteigen, soweit die für den Straßenverkehr nach Landesrecht zuständige Behörde (Straßenverkehrsbehörde) für bestimmte Haltestellen ein solches Verhalten angeordnet hat. [2]Im Übrigen darf außer beim Liegenbleiben (§ 15) und beim Abschleppen von Fahrzeugen (§ 15a) Warnblinklicht nur einschalten, wer Andere durch sein Fahrzeug gefährdet oder Andere vor Gefahren warnen will, zum Beispiel bei Annäherung an einen Stau oder bei besonders langsamer Fahrgeschwindigkeit auf Autobahnen und anderen schnell befahrenen Straßen.

(3) Schallzeichen dürfen nicht aus einer Folge verschieden hoher Töne bestehen.

§ 17. Beleuchtung. (1) [1] Während der Dämmerung, bei Dunkelheit oder wenn die Sichtverhältnisse es sonst erfordern, sind die vorgeschriebenen Beleuchtungseinrichtungen zu benutzen. [2] Die Beleuchtungseinrichtungen dürfen nicht verdeckt oder verschmutzt sein.

(2) [1] Mit Begrenzungsleuchten (Standlicht) allein darf nicht gefahren werden. [2] Auf Straßen mit durchgehender, ausreichender Beleuchtung darf auch nicht mit Fernlicht gefahren werden. [3] Es ist rechtzeitig abzublenden, wenn ein Fahrzeug entgegenkommt oder mit geringem Abstand vorausfährt oder wenn es sonst die Sicherheit des Verkehrs auf oder neben der Straße erfordert. [4] Wenn nötig ist entsprechend langsamer zu fahren.

(2a) [1] Wer ein Kraftrad führt, muss auch am Tag mit Abblendlicht oder eingeschalteten Tagfahrleuchten fahren. [2] Während der Dämmerung, bei Dunkelheit oder wenn die Sichtverhältnisse es sonst erfordern, ist Abblendlicht einzuschalten.

(3) [1] Behindert Nebel, Schneefall oder Regen die Sicht erheblich, dann ist auch am Tage mit Abblendlicht zu fahren. [2] Nur bei solcher Witterung dürfen Nebelscheinwerfer eingeschaltet sein. [3] Bei zwei Nebelscheinwerfern genügt statt des Abblendlichts die zusätzliche Benutzung der Begrenzungsleuchten. [4] An Krafträdern ohne Beiwagen braucht nur der Nebelscheinwerfer benutzt zu werden. [5] Nebelschlussleuchten dürfen nur dann benutzt werden, wenn durch Nebel die Sichtweite weniger als 50 m beträgt.

(4) [1] Haltende Fahrzeuge sind außerhalb geschlossener Ortschaften mit eigener Lichtquelle zu beleuchten. [2] Innerhalb geschlossener Ortschaften genügt es, nur die der Fahrbahn zugewandte Fahrzeugseite durch Parkleuchten oder auf andere zugelassene Weise kenntlich zu machen; eigene Beleuchtung ist entbehrlich, wenn die Straßenbeleuchtung das Fahrzeug auf ausreichende Entfernung deutlich sichtbar macht. [3] Auf der Fahrbahn haltende Fahrzeuge, ausgenommen Personenkraftwagen, mit einer zulässigen Gesamtmasse von mehr als 3,5 t und Anhänger sind innerhalb geschlossener Ortschaften stets mit eigener Lichtquelle zu beleuchten oder durch andere zugelassene lichttechnische Einrichtungen kenntlich zu machen. [4] Fahrzeuge, die ohne Schwierigkeiten von der Fahrbahn entfernt werden können, wie Krafträder, Fahrräder mit Hilfsmotor, Fahrräder, Krankenfahrstühle, einachsige Zugmaschinen, ein-

achsige Anhänger, Handfahrzeuge oder unbespannte Fuhrwerke, dürfen bei Dunkelheit dort nicht unbeleuchtet stehen gelassen werden.

(4a) [1] Soweit bei Militärfahrzeugen von den allgemeinen Beleuchtungsvorschriften abgewichen wird, sind gelb-rote retroreflektierende Warntafeln oder gleichwertige Absicherungsmittel zu verwenden. [2] Im Übrigen können sie an diesen Fahrzeugen zusätzlich verwendet werden.

(5) Wer zu Fuß geht und einachsige Zug- oder Arbeitsmaschinen an Holmen oder Handfahrzeuge mitführt, hat mindestens eine nach vorn und hinten gut sichtbare, nicht blendende Leuchte mit weißem Licht auf der linken Seite anzubringen oder zu tragen.

(6) Suchscheinwerfer dürfen nur kurz und nicht zum Beleuchten der Fahrbahn benutzt werden.

§ 18. Autobahnen und Kraftfahrstraßen. (1) [1] Autobahnen (Zeichen 330.1) und Kraftfahrstraßen (Zeichen 331.1) dürfen nur mit Kraftfahrzeugen benutzt werden, deren durch die Bauart bestimmte Höchstgeschwindigkeit mehr als 60 km/h beträgt; werden Anhänger mitgeführt, gilt das Gleiche auch für diese. [2] Fahrzeug und Ladung dürfen zusammen nicht höher als 4 m und nicht breiter als 2,55 m sein. [3] Kühlfahrzeuge dürfen nicht breiter als 2,60 m sein.

(2) Auf Autobahnen darf nur an gekennzeichneten Anschlussstellen (Zeichen 330.1) eingefahren werden, auf Kraftfahrstraßen nur an Kreuzungen oder Einmündungen.

(3) Der Verkehr auf der durchgehenden Fahrbahn hat die Vorfahrt.

(4) (weggefallen)

(5) [1] Auf Autobahnen darf innerhalb geschlossener Ortschaften schneller als 50 km/h gefahren werden. [2] Auf ihnen sowie außerhalb geschlossener Ortschaften auf Kraftfahrstraßen mit Fahrbahnen für eine Richtung, die durch Mittelstreifen oder sonstige bauliche Einrichtungen getrennt sind, beträgt die zulässige Höchstgeschwindigkeit auch unter günstigsten Umständen

1. für

   a) Kraftfahrzeuge mit einer zulässigen Gesamtmasse von mehr als 3,5 t, ausgenommen Personenkraftwagen,

b) Personenkraftwagen mit Anhänger, Lastkraftwagen mit Anhänger, Wohnmobile mit Anhänger und Zugmaschinen mit Anhänger sowie

c) Kraftomnibusse ohne Anhänger oder mit Gepäckanhänger

80 km/h,

2. für

a) Krafträder mit Anhänger und selbstfahrende Arbeitsmaschinen mit Anhänger,

b) Zugmaschinen mit zwei Anhängern sowie

c) Kraftomnibusse mit Anhänger oder mit Fahrgästen, für die keine Sitzplätze mehr zur Verfügung stehen,

60 km/h,

3. für Kraftomnibusse ohne Anhänger, die

a) nach Eintragung in der Zulassungsbescheinigung Teil I für eine Höchstgeschwindigkeit von 100 km/h zugelassen sind,

b) hauptsächlich für die Beförderung von sitzenden Fahrgästen gebaut und die Fahrgastsitze als Reisebestuhlung ausgeführt sind,

c) auf allen Sitzen sowie auf Rollstuhlplätzen, wenn auf ihnen Rollstuhlfahrer befördert werden, mit Sicherheitsgurten ausgerüstet sind,

d) mit einem Geschwindigkeitsbegrenzer ausgerüstet sind, der auf eine Höchstgeschwindigkeit von maximal 100 km/h (Vset) eingestellt ist,

e) den Vorschriften der Richtlinie 2001/85/EG des Europäischen Parlaments und des Rates vom 20. November 2001 über besondere Vorschriften für Fahrzeuge zur Personenbeförderung mit mehr als acht Sitzplätzen außer dem Fahrersitz und zur Änderung der Richtlinien 70/156/EWG und 97/27/EG (ABl. L 42 vom 13.2.2002, S. 1) in der jeweils zum Zeitpunkt der Erstzulassung des jeweiligen Kraftomnibusses geltenden Fassung entsprechen und

f) auf der vorderen Lenkachse nicht mit nachgeschnittenen Reifen ausgerüstet sind, oder

g) für nicht in Mitgliedstaaten der Europäischen Union oder in Vertragsstaaten des Abkommens über den Europäischen Wirtschaftsraum zugelassene Kraftomnibusse, wenn jeweils eine behördliche Bestätigung des Zulassungsstaates in deutscher Sprache über die Übereinstimmung mit den vorgenannten Bestimmungen und über jährlich stattgefundene Untersuchungen mindestens im Umfang der Richtlinie 96/96/EG des Rates vom 20. Dezember 1996 zur Angleichung der Rechtsvorschriften der Mitgliedstaaten über die technische Überwachung der Kraftfahrzeuge und Kraftfahrzeuganhänger (ABl. L 46 vom 17.2.1997, S. 1) in der jeweils geltenden Fassung vorgelegt werden kann,

100 km/h.

(6) Wer auf der Autobahn mit Abblendlicht fährt, braucht seine Geschwindigkeit nicht der Reichweite des Abblendlichts anzupassen, wenn

1. die Schlussleuchten des vorausfahrenden Kraftfahrzeugs klar erkennbar sind und ein ausreichender Abstand von ihm eingehalten wird oder
2. der Verlauf der Fahrbahn durch Leiteinrichtungen mit Rückstrahlern und, zusammen mit fremdem Licht, Hindernisse rechtzeitig erkennbar sind.

(7) Wenden und Rückwärtsfahren sind verboten.

(8) Halten, auch auf Seitenstreifen, ist verboten.

(9) [1] Zu Fuß Gehende dürfen Autobahnen nicht betreten. [2] Kraftfahrstraßen dürfen sie nur an Kreuzungen, Einmündungen oder sonstigen dafür vorgesehenen Stellen überschreiten; sonst ist jedes Betreten verboten.

(10) [1] Die Ausfahrt von Autobahnen ist nur an Stellen erlaubt, die durch die Ausfahrttafel (Zeichen 332) und durch das Pfeilzeichen (Zeichen 333) oder durch eins dieser Zeichen gekennzeichnet sind. [2] Die Ausfahrt von Kraftfahrstraßen ist nur an Kreuzungen oder Einmündungen erlaubt.

(11) Lastkraftwagen mit einer zulässigen Gesamtmasse über 7,5 t, einschließlich ihrer Anhänger, sowie Zugmaschinen dürfen, wenn die Sichtweite durch erheblichen Schneefall oder Regen auf 50 m oder weniger eingeschränkt ist, sowie bei Schneeglätte oder Glatteis den äußerst linken Fahrstreifen nicht benutzen.

§ 19. Bahnübergänge. (1) [1]Schienenfahrzeuge haben Vorrang

1. auf Bahnübergängen mit Andreaskreuz (Zeichen 201),
2. auf Bahnübergängen über Fuß-, Feld-, Wald- oder Radwege und
3. in Hafen- und Industriegebieten, wenn an den Einfahrten das Andreaskreuz mit dem Zusatzzeichen „Hafengebiet, Schienenfahrzeuge haben Vorrang" oder „Industriegebiet, Schienenfahrzeuge haben Vorrang" steht.

[2]Der Straßenverkehr darf sich solchen Bahnübergängen nur mit mäßiger Geschwindigkeit nähern. [3]Wer ein Fahrzeug führt, darf an Bahnübergängen vom Zeichen 151, 156 an bis einschließlich des Kreuzungsbereichs von Schiene und Straße Kraftfahrzeuge nicht überholen.

(2) [1]Fahrzeuge haben vor dem Andreaskreuz, zu Fuß Gehende in sicherer Entfernung vor dem Bahnübergang zu warten, wenn

1. sich ein Schienenfahrzeug nähert,
2. rotes Blinklicht oder gelbe oder rote Lichtzeichen gegeben werden,
3. die Schranken sich senken oder geschlossen sind,
4. ein Bahnbediensteter Halt gebietet oder
5. ein hörbares Signal, wie ein Pfeifsignal des herannahenden Zuges, ertönt.

[2]Hat das rote Blinklicht oder das rote Lichtzeichen die Form eines Pfeils, hat nur zu warten, wer in die Richtung des Pfeils fahren will. [3]Das Senken der Schranken kann durch Glockenzeichen angekündigt werden.

(3) Kann der Bahnübergang wegen des Straßenverkehrs nicht zügig und ohne Aufenthalt überquert werden, ist vor dem Andreaskreuz zu warten.

(4) Wer einen Fuß-, Feld-, Wald- oder Radweg benutzt, muss sich an Bahnübergängen ohne Andreaskreuz entsprechend verhalten.

(5) [1]Vor Bahnübergängen ohne Vorrang der Schienenfahrzeuge ist in sicherer Entfernung zu warten, wenn ein Bahnbediensteter mit einer weiß-rot-weißen Fahne oder einer roten Leuchte Halt gebietet. [2]Werden gelbe oder rote Lichtzeichen gegeben, gilt § 37 Absatz 2 Nummer 1 entsprechend.

(6) Die Scheinwerfer wartender Kraftfahrzeuge dürfen niemanden blenden.

§ 20. Öffentliche Verkehrsmittel und Schulbusse. (1) An Omnibussen des Linienverkehrs, an Straßenbahnen und an gekennzeichneten Schulbussen, die an Haltestellen (Zeichen 224) halten, darf, auch im Gegenverkehr, nur vorsichtig vorbeigefahren werden.

(2) [1] Wenn Fahrgäste ein- oder aussteigen, darf rechts nur mit Schrittgeschwindigkeit und nur in einem solchen Abstand vorbeigefahren werden, dass eine Gefährdung von Fahrgästen ausgeschlossen ist. [2] Sie dürfen auch nicht behindert werden. [3] Wenn nötig, muss, wer ein Fahrzeug führt, warten.

(3) Omnibusse des Linienverkehrs und gekennzeichnete Schulbusse, die sich einer Haltestelle (Zeichen 224) nähern und Warnblinklicht eingeschaltet haben, dürfen nicht überholt werden.

(4) [1] An Omnibussen des Linienverkehrs und an gekennzeichneten Schulbussen, die an Haltestellen (Zeichen 224) halten und Warnblinklicht eingeschaltet haben, darf nur mit Schrittgeschwindigkeit und nur in einem solchen Abstand vorbeigefahren werden, dass eine Gefährdung von Fahrgästen ausgeschlossen ist. [2] Die Schrittgeschwindigkeit gilt auch für den Gegenverkehr auf derselben Fahrbahn. [3] Die Fahrgäste dürfen auch nicht behindert werden. [4] Wenn nötig, muss, wer ein Fahrzeug führt, warten.

(5) [1] Omnibussen des Linienverkehrs und Schulbussen ist das Abfahren von gekennzeichneten Haltestellen zu ermöglichen. [2] Wenn nötig, müssen andere Fahrzeuge warten.

(6) Personen, die öffentliche Verkehrsmittel benutzen wollen, müssen sie auf den Gehwegen, den Seitenstreifen oder einer Haltestelleninsel, sonst am Rand der Fahrbahn erwarten.

§ 21. Personenbeförderung. (1) [1] In Kraftfahrzeugen dürfen nicht mehr Personen befördert werden, als mit Sicherheitsgurten ausgerüstete Sitzplätze vorhanden sind. [2] Abweichend von Satz 1 dürfen in Kraftfahrzeugen, für die Sicherheitsgurte nicht für alle Sitzplätze vorgeschrieben sind, so viele Personen befördert werden, wie Sitzplätze vorhanden sind. [3] Die Sätze 1 und 2 gelten nicht in Kraftomnibussen, bei denen die Beförderung stehender Fahrgäste zugelassen ist. [4]Es ist verboten, Personen mitzunehmen

1. auf Krafträdern ohne besonderen Sitz,
2. auf Zugmaschinen ohne geeignete Sitzgelegenheit oder
3. in Wohnanhängern hinter Kraftfahrzeugen.

(1a) [1]Kinder bis zum vollendeten 12. Lebensjahr, die kleiner als 150 cm sind, dürfen in Kraftfahrzeugen auf Sitzen, für die Sicherheitsgurte vorgeschrieben sind, nur mitgenommen werden, wenn Rückhalteeinrichtungen für Kinder benutzt werden, die den in Artikel 2 Absatz 1 Buchstabe c der Richtlinie 91/671/EWG des Rates vom 16. Dezember 1991 über die Gurtanlegepflicht und die Pflicht zur Benutzung von Kinderrückhalteeinrichtungen in Kraftfahrzeugen (ABl. L 373 vom 31.12.1991, S. 26), der zuletzt durch Artikel 1 Absatz 2 der Durchführungsrichtlinie 2014/37/EU vom 27. Februar 2014 (ABl. L 59 vom 28.2.2014, S. 32) neu gefasst worden ist, genannten Anforderungen genügen und für das Kind geeignet sind. [2]Abweichend von Satz 1

1. ist in Kraftomnibussen mit einer zulässigen Gesamtmasse von mehr als 3,5 t Satz 1 nicht anzuwenden,
2. dürfen Kinder ab dem vollendeten dritten Lebensjahr auf Rücksitzen mit den vorgeschriebenen Sicherheitsgurten gesichert werden, soweit wegen der Sicherung anderer Kinder mit Kinderrückhalteeinrichtungen für die Befestigung weiterer Rückhalteeinrichtungen für Kinder keine Möglichkeit besteht,
3. ist
   a) beim Verkehr mit Taxen und
   b) bei sonstigen Verkehren mit Personenkraftwagen, wenn eine Beförderungspflicht im Sinne des § 22 des Personenbeförderungsgesetzes besteht,

auf Rücksitzen die Verpflichtung zur Sicherung von Kindern mit amtlich genehmigten und geeigneten Rückhalteeinrichtungen auf zwei Kinder mit einem Gewicht ab 9 kg beschränkt, wobei wenigstens für ein Kind mit einem Gewicht zwischen 9 und 18 kg eine Sicherung möglich sein muss; diese Ausnahmeregelung gilt nicht, wenn eine regelmäßige Beförderung von Kindern gegeben ist.

(1b) [1]In Fahrzeugen, die nicht mit Sicherheitsgurten ausgerüstet sind, dürfen Kinder unter drei Jahren nicht befördert werden. [2]Kinder ab dem vollendeten dritten Lebensjahr, die kleiner als 150 cm sind, müssen in solchen Fahrzeugen auf dem Rücksitz befördert werden. [3]Die Sätze 1 und 2 gelten nicht für Kraftomnibusse.

(2) [1]Die Mitnahme von Personen auf der Ladefläche oder in Laderäumen von Kraftfahrzeugen ist verboten. [2]Dies gilt nicht, soweit auf der Ladefläche oder in Laderäumen mitgenommene Personen dort notwendige Arbeiten auszuführen haben. [3]Das Verbot gilt ferner nicht für die Beförderung von Baustellenpersonal innerhalb von Baustellen. [4]Auf der Ladefläche oder in Laderäumen von Anhängern darf niemand mitgenommen werden. [5]Jedoch dürfen auf Anhängern, wenn diese für land- oder forstwirtschaftliche Zwecke eingesetzt werden, Personen auf geeigneten Sitzgelegenheiten mitgenommen werden. [6]Das Stehen während der Fahrt ist verboten, soweit es nicht zur Begleitung der Ladung oder zur Arbeit auf der Ladefläche erforderlich ist.

(3) [1]Auf Fahrrädern dürfen nur Kinder bis zum vollendeten siebten Lebensjahr von mindestens 16 Jahre alten Personen mitgenommen werden, wenn für die Kinder besondere Sitze vorhanden sind und durch Radverkleidungen oder gleich wirksame Vorrichtungen dafür gesorgt ist, dass die Füße der Kinder nicht in die Speichen geraten können. [2]Hinter Fahrrädern dürfen in Anhängern, die zur Beförderung von Kindern eingerichtet sind, bis zu zwei Kinder bis zum vollendeten siebten Lebensjahr von mindestens 16 Jahre alten Personen mitgenommen werden. [3]Die Begrenzung auf das vollendete siebte Lebensjahr gilt nicht für die Beförderung eines behinderten Kindes.

§ 21a. Sicherheitsgurte, Rollstuhl-Rückhaltesysteme, Rollstuhlnutzer-Rückhaltesysteme, Schutzhelme. (1) [1]Vorgeschriebene Sicherheitsgurte müssen während der Fahrt angelegt sein; dies gilt ebenfalls für vorgeschriebene Rollstuhl-Rückhaltesysteme und vorgeschriebene Rollstuhlnutzer-Rückhaltesysteme. [2]Das gilt nicht für

1. *(aufgehoben)*
2. Personen beim Haus-zu-Haus-Verkehr, wenn sie im jeweiligen Leistungs- oder Auslieferungsbezirk regelmäßig in kurzen Zeitabständen ihr Fahrzeug verlassen müssen,

3. Fahrten mit Schrittgeschwindigkeit wie Rückwärtsfahren, Fahrten auf Parkplätzen,
4. Fahrten in Kraftomnibussen, bei denen die Beförderung stehender Fahrgäste zugelassen ist,
5. das Betriebspersonal in Kraftomnibussen und das Begleitpersonal von besonders betreuungsbedürftigen Personengruppen während der Dienstleistungen, die ein Verlassen des Sitzplatzes erfordern,
6. Fahrgäste in Kraftomnibussen mit einer zulässigen Gesamtmasse von mehr als 3,5 t beim kurzzeitigen Verlassen des Sitzplatzes.

(2) [1]Wer Krafträder oder offene drei- oder mehrrädrige Kraftfahrzeuge mit einer bauartbedingten Höchstgeschwindigkeit von über 20 km/h führt sowie auf oder in ihnen mitfährt, muss während der Fahrt einen geeigneten Schutzhelm tragen. [2]Dies gilt nicht, wenn vorgeschriebene Sicherheitsgurte angelegt sind.

§ 22. Ladung. (1) [1]Die Ladung einschließlich Geräte zur Ladungssicherung sowie Ladeeinrichtungen sind so zu verstauen und zu sichern, dass sie selbst bei Vollbremsung oder plötzlicher Ausweichbewegung nicht verrutschen, umfallen, hin- und herrollen, herabfallen oder vermeidbaren Lärm erzeugen können. [2]Dabei sind die anerkannten Regeln der Technik zu beachten.

(2) [1]Fahrzeug und Ladung dürfen zusammen nicht breiter als 2,55 m und nicht höher als 4 m sein. [2]Fahrzeuge, die für land- oder forstwirtschaftliche Zwecke eingesetzt werden, dürfen, wenn sie mit land- oder forstwirtschaftlichen Erzeugnissen oder Arbeitsgeräten beladen sind, samt Ladung nicht breiter als 3 m sein. [3]Sind sie mit land- oder forstwirtschaftlichen Erzeugnissen beladen, dürfen sie samt Ladung höher als 4 m sein. [4]Kühlfahrzeuge dürfen nicht breiter als 2,60 m sein.

(3) [1]Die Ladung darf bis zu einer Höhe von 2,50 m nicht nach vorn über das Fahrzeug, bei Zügen über das ziehende Fahrzeug hinausragen. [2]Im Übrigen darf der Ladungsüberstand nach vorn bis zu 50 cm über das Fahrzeug, bei Zügen bis zu 50 cm über das ziehende Fahrzeug betragen.

(4) [1]Nach hinten darf die Ladung bis zu 1,50 m hinausragen, jedoch bei Beförderung über eine Wegstrecke bis zu einer Ent-

fernung von 100 km bis zu 3 m; die außerhalb des Geltungsbereichs dieser Verordnung zurückgelegten Wegstrecken werden nicht berücksichtigt. [2]Fahrzeug oder Zug samt Ladung darf nicht länger als 20,75 m sein. [3]Ragt das äußerste Ende der Ladung mehr als 1 m über die Rückstrahler des Fahrzeugs nach hinten hinaus, so ist es kenntlich zu machen durch mindestens

1. eine hellrote, nicht unter 30 x 30 cm große, durch eine Querstange auseinandergehaltene Fahne,
2. ein gleich großes, hellrotes, quer zur Fahrtrichtung pendelnd aufgehängtes Schild oder
3. einen senkrecht angebrachten zylindrischen Körper gleicher Farbe und Höhe mit einem Durchmesser von mindestens 35 cm.

[4]Diese Sicherungsmittel dürfen nicht höher als 1,50 m über der Fahrbahn angebracht werden. [5]Wenn nötig (§ 17 Absatz 1), ist mindestens eine Leuchte mit rotem Licht an gleicher Stelle anzubringen, außerdem ein roter Rückstrahler nicht höher als 90 cm.

(5) [1]Ragt die Ladung seitlich mehr als 40 cm über die Fahrzeugleuchten, bei Kraftfahrzeugen über den äußeren Rand der Lichtaustrittsflächen der Begrenzungs- oder Schlussleuchten hinaus, so ist sie, wenn nötig (§ 17 Absatz 1), kenntlich zu machen, und zwar seitlich höchstens 40 cm von ihrem Rand und höchstens 1,50 m über der Fahrbahn nach vorn durch eine Leuchte mit weißem, nach hinten durch eine mit rotem Licht. [2]Einzelne Stangen oder Pfähle, waagerecht liegende Platten und andere schlecht erkennbare Gegenstände dürfen seitlich nicht herausragen.

§ 23. Sonstige Pflichten von Fahrzeugführenden. (1) [1]Wer ein Fahrzeug führt, ist dafür verantwortlich, dass seine Sicht und das Gehör nicht durch die Besetzung, Tiere, die Ladung, Geräte oder den Zustand des Fahrzeugs beeinträchtigt werden. [2]Wer ein Fahrzeug führt, hat zudem dafür zu sorgen, dass das Fahrzeug, der Zug, das Gespann sowie die Ladung und die Besetzung vorschriftsmäßig sind und dass die Verkehrssicherheit des Fahrzeugs durch die Ladung oder die Besetzung nicht leidet. [3]Ferner ist dafür zu sorgen, dass die vorgeschriebenen Kennzeichen stets gut lesbar sind. [4]Vorgeschriebene Beleuchtungseinrichtungen müssen an Kraftfahrzeugen und ihren Anhängern auch am Tage vorhanden und betriebsbereit sein.

(1a) [1] Wer ein Fahrzeug führt, darf ein elektronisches Gerät, das der Kommunikation, Information oder Organisation dient oder zu dienen bestimmt ist, nur benutzen, wenn

1. hierfür das Gerät weder aufgenommen noch gehalten wird und
2. entweder
   a) nur eine Sprachsteuerung und Vorlesefunktion genutzt wird oder
   b) zur Bedienung und Nutzung des Gerätes nur eine kurze, den Straßen-, Verkehrs-, Sicht- und Wetterverhältnissen angepasste Blickzuwendung zum Gerät bei gleichzeitig entsprechender Blickabwendung vom Verkehrsgeschehen erfolgt oder erforderlich ist.

[2] Geräte im Sinne des Satzes 1 sind auch Geräte der Unterhaltungselektronik oder Geräte zur Ortsbestimmung, insbesondere Mobiltelefone oder Autotelefone, Berührungsbildschirme, tragbare Flachrechner, Navigationsgeräte, Fernseher oder Abspielgeräte mit Videofunktion oder Audiorekorder. [3] Handelt es sich bei dem Gerät im Sinne des Satzes 1, auch in Verbindung mit Satz 2, um ein auf dem Kopf getragenes visuelles Ausgabegerät, insbesondere eine Videobrille, darf dieses nicht benutzt werden. [4] Verfügt das Gerät im Sinne des Satzes 1, auch in Verbindung mit Satz 2, über eine Sichtfeldprojektion, darf diese für fahrzeugbezogene, verkehrszeichenbezogene, fahrtbezogene oder fahrtbegleitende Informationen benutzt werden. [5] Absatz 1c und § 1b des Straßenverkehrsgesetzes bleiben unberührt.

(1b) [1] Absatz 1a Satz 1 bis 3 gilt nicht für

1. ein stehendes Fahrzeug, im Falle eines Kraftfahrzeuges vorbehaltlich der Nummer 3 nur, wenn der Motor vollständig ausgeschaltet ist,
2. den bestimmungsgemäßen Betrieb einer atemalkoholgesteuerten Wegfahrsperre, soweit ein für den Betrieb bestimmtes Handteil aufgenommen und gehalten werden muss,
3. stehende Straßenbahnen oder Linienbusse an Haltestellen (Zeichen 224).

[2] Das fahrzeugseitige automatische Abschalten des Motors im Verbrennungsbetrieb oder das Ruhen des elektrischen Antriebes ist kein Ausschalten des Motors in diesem Sinne. [3] Absatz 1a Satz 1 Nummer 2 Buchstabe b gilt nicht für

1. die Benutzung eines Bildschirms oder einer Sichtfeldprojektion zur Bewältigung der Fahraufgabe des Rückwärtsfahrens oder Einparkens, soweit das Fahrzeug nur mit Schrittgeschwindigkeit bewegt wird, oder
2. die Benutzung elektronischer Geräte, die vorgeschriebene Spiegel ersetzen oder ergänzen.

(1c) [1] Wer ein Fahrzeug führt, darf ein technisches Gerät nicht betreiben oder betriebsbereit mitführen, das dafür bestimmt ist, Verkehrsüberwachungsmaßnahmen anzuzeigen oder zu stören. [2] Das gilt insbesondere für Geräte zur Störung oder Anzeige von Geschwindigkeitsmessungen (Radarwarn- oder Laserstörgeräte).

(2) Wer ein Fahrzeug führt, muss das Fahrzeug, den Zug oder das Gespann auf dem kürzesten Weg aus dem Verkehr ziehen, falls unterwegs auftretende Mängel, welche die Verkehrssicherheit wesentlich beeinträchtigen, nicht alsbald beseitigt werden; dagegen dürfen Krafträder und Fahrräder dann geschoben werden.

(3) [1] Wer ein Fahrrad oder ein Kraftrad fährt, darf sich nicht an Fahrzeuge anhängen. [2] Es darf nicht freihändig gefahren werden. [3] Die Füße dürfen nur dann von den Pedalen oder den Fußrasten genommen werden, wenn der Straßenzustand das erfordert.

(4) [1] Wer ein Kraftfahrzeug führt, darf sein Gesicht nicht so verhüllen oder verdecken, dass er nicht mehr erkennbar ist. [2] Dies gilt nicht in Fällen des § 21a Absatz 2 Satz 1.

§ 24. Besondere Fortbewegungsmittel. (1) [1] Schiebe- und Greifreifenrollstühle, Rodelschlitten, Kinderwagen, Roller, Kinderfahrräder, Inline-Skates, Rollschuhe und ähnliche nicht motorbetriebene Fortbewegungsmittel sind nicht Fahrzeuge im Sinne der Verordnung. [2] Für den Verkehr mit diesen Fortbewegungsmitteln gelten die Vorschriften für den Fußgängerverkehr entsprechend.

(2) Mit Krankenfahrstühlen oder mit anderen als in Absatz 1 genannten Rollstühlen darf dort, wo Fußgängerverkehr zulässig ist, gefahren werden, jedoch nur mit Schrittgeschwindigkeit.

§ 25. Fußgänger.(1) [1] Wer zu Fuß geht, muss die Gehwege benutzen. [2] Auf der Fahrbahn darf nur gegangen werden, wenn die Straße weder einen Gehweg noch einen Seitenstreifen hat. [3]Wird die Fahrbahn benutzt, muss innerhalb geschlossener Ortschaften am rechten oder linken Fahrbahnrand gegangen werden; außerhalb geschlossener Ortschaften muss am linken Fahrbahnrand gegangen werden, wenn das zumutbar ist. [4]Bei Dunkelheit, bei schlechter Sicht oder wenn die Verkehrslage es erfordert, muss einzeln hintereinander gegangen werden.

(2) [1]Wer zu Fuß geht und Fahrzeuge oder sperrige Gegenstände mitführt, muss die Fahrbahn benutzen, wenn auf dem Gehweg oder auf dem Seitenstreifen andere zu Fuß Gehende erheblich behindert würden. [2]Benutzen zu Fuß Gehende, die Fahrzeuge mitführen, die Fahrbahn, müssen sie am rechten Fahrbahnrand gehen; vor dem Abbiegen nach links dürfen sie sich nicht links einordnen.

(3) [1]Wer zu Fuß geht, hat Fahrbahnen unter Beachtung des Fahrzeugverkehrs zügig auf dem kürzesten Weg quer zur Fahrtrichtung zu überschreiten. [2]Wenn die Verkehrsdichte, Fahrgeschwindigkeit, Sichtverhältnisse oder der Verkehrsablauf es erfordern, ist eine Fahrbahn nur an Kreuzungen oder Einmündungen, an Lichtzeichenanlagen innerhalb von Markierungen, an Fußgängerquerungshilfen oder auf Fußgängerüberwegen (Zeichen 293) zu überschreiten. [3]Wird die Fahrbahn an Kreuzungen oder Einmündungen überschritten, sind dort vorhandene Fußgängerüberwege oder Markierungen an Lichtzeichenanlagen stets zu benutzen.

(4) [1]Wer zu Fuß geht, darf Absperrungen, wie Stangen- oder Kettengeländer, nicht überschreiten. [2]Absperrschranken (Zeichen 600) verbieten das Betreten der abgesperrten Straßenfläche.

(5) Gleisanlagen, die nicht zugleich dem sonstigen öffentlichen Straßenverkehr dienen, dürfen nur an den dafür vorgesehenen Stellen betreten werden.

§ 26. Fußgängerüberwege. (1) [1]An Fußgängerüberwegen haben Fahrzeuge mit Ausnahme von Schienenfahrzeugen den zu Fuß Gehenden sowie Fahrenden von Krankenfahrstühlen oder Rollstühlen, welche den Überweg erkennbar benutzen wollen, das Überqueren der Fahrbahn zu ermöglichen. [2]Dann dürfen sie nur mit mäßiger Geschwindigkeit heranfahren; wenn nötig, müssen sie warten.

(2) Stockt der Verkehr, dürfen Fahrzeuge nicht auf den Überweg fahren, wenn sie auf ihm warten müssten.

(3) An Überwegen darf nicht überholt werden.

(4) Führt die Markierung über einen Radweg oder einen anderen Straßenteil, gelten diese Vorschriften entsprechend.

§ 27. Verbände. (1) [1] Für geschlossene Verbände gelten die für den gesamten Fahrverkehr einheitlich bestehenden Verkehrsregeln und Anordnungen sinngemäß. [2] Mehr als 15 Rad Fahrende dürfen einen geschlossenen Verband bilden. [3] Dann dürfen sie zu zweit nebeneinander auf der Fahrbahn fahren. [4] Kinder- und Jugendgruppen zu Fuß müssen, soweit möglich, die Gehwege benutzen.

(2) Geschlossene Verbände, Leichenzüge und Prozessionen müssen, wenn ihre Länge dies erfordert, in angemessenen Abständen Zwischenräume für den übrigen Verkehr frei lassen; an anderen Stellen darf dieser sie nicht unterbrechen.

(3) [1] Geschlossen ist ein Verband, wenn er für andere am Verkehr Teilnehmende als solcher deutlich erkennbar ist. [2] Bei Kraftfahrzeugverbänden muss dazu jedes einzelne Fahrzeug als zum Verband gehörig gekennzeichnet sein.

(4) [1] Die seitliche Begrenzung geschlossen reitender oder zu Fuß marschierender Verbände muss, wenn nötig (§ 17 Absatz 1), mindestens nach vorn durch nicht blendende Leuchten mit weißem Licht, nach hinten durch Leuchten mit rotem Licht oder gelbem Blinklicht kenntlich gemacht werden. [2] Gliedert sich ein solcher Verband in mehrere deutlich voneinander getrennte Abteilungen, dann ist jede auf diese Weise zu sichern. [3] Eigene Beleuchtung brauchen die Verbände nicht, wenn sie sonst ausreichend beleuchtet sind.

(5) Wer einen Verband führt, hat dafür zu sorgen, dass die für geschlossene Verbände geltenden Vorschriften befolgt werden.

(6) Auf Brücken darf nicht im Gleichschritt marschiert werden.

§ 28. Tiere. (1) [1] Haus- und Stalltiere, die den Verkehr gefährden können, sind von der Straße fernzuhalten. [2] Sie sind dort nur zugelassen, wenn sie von geeigneten Personen begleitet sind, die ausreichend auf sie einwirken können. [3] Es ist verboten, Tiere von Kraftfahrzeugen aus zu führen. [4]Von Fahrrädern aus dürfen nur Hunde geführt werden.

(2) [1]Wer reitet, Pferde oder Vieh führt oder Vieh treibt, unterliegt sinngemäß den für den gesamten Fahrverkehr einheitlich bestehenden Verkehrsregeln und Anordnungen. [2]Zur Beleuchtung müssen mindestens verwendet werden:

1. beim Treiben von Vieh vorn eine nicht blendende Leuchte mit weißem Licht und am Ende eine Leuchte mit rotem Licht,
2. beim Führen auch nur eines Großtieres oder von Vieh eine nicht blendende Leuchte mit weißem Licht, die auf der linken Seite nach vorn und hinten gut sichtbar mitzuführen ist.

§ 29. Übermäßige Straßenbenutzung. (1) *(aufgehoben)*

(2) [1]Veranstaltungen, für die Straßen mehr als verkehrsüblich in Anspruch genommen werden, insbesondere Kraftfahrzeugrennen, bedürfen der Erlaubnis. [2]Das ist der Fall, wenn die Benutzung der Straße für den Verkehr wegen der Zahl oder des Verhaltens der Teilnehmenden oder der Fahrweise der beteiligten Fahrzeuge eingeschränkt wird; Kraftfahrzeuge in geschlossenem Verband nehmen die Straße stets mehr als verkehrsüblich in Anspruch. [3]Veranstaltende haben dafür zu sorgen, dass die Verkehrsvorschriften sowie etwaige Bedingungen und Auflagen befolgt werden.

(3) [1]Einer Erlaubnis bedarf der Verkehr mit Fahrzeugen und Zügen, deren Abmessungen, Achslasten oder Gesamtmassen die gesetzlich allgemein zugelassenen Grenzen tatsächlich überschreiten. [2]Das gilt auch für den Verkehr mit Fahrzeugen, deren Bauart den Fahrzeugführenden kein ausreichendes Sichtfeld lässt.

§ 30. Umweltschutz, Sonn- und Feiertagsfahrverbot. (1) [1]Bei der Benutzung von Fahrzeugen sind unnötiger Lärm und vermeidbare Abgasbelästigungen verboten. [2]Es ist insbesondere verboten, Fahrzeugmotoren unnötig laufen zu lassen und Fahrzeugtüren übermäßig laut zu schließen. [3]Unnützes Hin- und Herfahren ist innerhalb geschlossener Ortschaften verboten, wenn Andere dadurch belästigt werden.

(2) Veranstaltungen mit Kraftfahrzeugen bedürfen der Erlaubnis, wenn sie die Nachtruhe stören können.

(3) [1]An Sonntagen und Feiertagen dürfen in der Zeit von 0.00 bis 22.00 Uhr zur geschäftsmäßigen oder entgeltlichen Beförderung von Gütern einschließlich damit verbundener Leerfahrten Lastkraftwagen mit einer zulässigen Gesamtmasse über 7,5 t sowie Anhänger hinter Lastkraftwagen nicht geführt werden. [2]Das Verbot gilt nicht für

1. kombinierten Güterverkehr Schiene-Straße vom Versender bis zum nächstgelegenen geeigneten Verladebahnhof oder vom nächstgelegenen geeigneten Entladebahnhof bis zum Empfänger, jedoch nur bis zu einer Entfernung von 200 km,

1a. kombinierten Güterverkehr Hafen-Straße zwischen Belade- oder Entladestelle und einem innerhalb eines Umkreises von höchstens 150 Kilometern gelegenen Hafen (An- oder Abfuhr),

2. die Beförderung von
   a) frischer Milch und frischen Milcherzeugnissen,
   b) frischem Fleisch und frischen Fleischerzeugnissen,
   c) frischen Fischen, lebenden Fischen und frischen Fischerzeugnissen,
   d) leicht verderblichem Obst und Gemüse,

3. die Beförderung von Material der Kategorie 1 nach Artikel 8 und Material der Kategorie 2 nach Artikel 9 Buchstabe f Ziffer i der Verordnung (EG) Nr. 1069/2009 des Europäischen Parlaments und des Rates vom 21. Oktober 2009 mit Hygienevorschriften für nicht für den menschlichen Verzehr bestimmte tierische Nebenprodukte und zur Aufhebung der Verordnung (EG) Nr. 1774/2002 (Verordnung über tierische Nebenprodukte) (ABl. L 300 vom 14.11.2009, S. 1; L 348 vom 4.12.2014, S. 31),

4. den Einsatz von Bergungs-, Abschlepp- und Pannenhilfsfahrzeugen im Falle eines Unfalles oder eines sonstigen Notfalles,

5. den Transport von lebenden Bienen,

6. Leerfahrten, die im Zusammenhang mit Fahrten nach den Nummern 2 bis 5 stehen,

7. Fahrten mit Fahrzeugen, die nach dem Bundesleistungsgesetz herangezogen werden. Dabei ist der Leistungsbescheid mitzuführen und auf Verlangen zuständigen Personen zur Prüfung auszuhändigen.

(4) Feiertage im Sinne des Absatzes 3 sind

Neujahr;
Karfreitag;
Ostermontag;
Tag der Arbeit (1. Mai);
Christi Himmelfahrt;
Pfingstmontag;
Fronleichnam, jedoch nur in Baden-Württemberg, Bayern, Hessen, Nordrhein-Westfalen, Rheinland-Pfalz und im Saarland;
Tag der deutschen Einheit (3. Oktober);
Reformationstag (31. Oktober), jedoch mit Ausnahme im Jahr 2017 nur in Brandenburg, Mecklenburg-Vorpommern, Sachsen, Sachsen-Anhalt und Thüringen;
Allerheiligen (1. November), jedoch nur in Baden-Württemberg, Bayern, Nordrhein-Westfalen, Rheinland-Pfalz und im Saarland;
1. und 2. Weihnachtstag.

§ 31. Sport und Spiel. (1) [1] Sport und Spiel auf der Fahrbahn, den Seitenstreifen und auf Radwegen sind nicht erlaubt. [2] Satz 1 gilt nicht, soweit dies durch ein die zugelassene Sportart oder Spielart kennzeichnendes Zusatzzeichen angezeigt ist.

(2) [1] Durch das Zusatzzeichen

wird das Inline-Skaten und Rollschuhfahren zugelassen. [2] Das Zusatzzeichen kann auch allein angeordnet sein. [3] Wer sich dort mit Inline-Skates oder Rollschuhen fortbewegt, hat sich mit äußerster Vorsicht und unter besonderer Rücksichtnahme auf den übrigen Verkehr am rechten Rand in Fahrtrichtung zu bewegen und Fahrzeugen das Überholen zu ermöglichen.

§ 32. Verkehrshindernisse. (1) [1] Es ist verboten, die Straße zu beschmutzen oder zu benetzen oder Gegenstände auf Straßen zu bringen oder dort liegen zu lassen, wenn dadurch der Verkehr gefährdet oder erschwert werden kann. [2] Wer für solche verkehrswidrigen Zustände verantwortlich ist, hat diese unverzüglich zu beseitigen und diese bis dahin ausreichend kenntlich zu machen. [3]Verkehrshindernisse sind, wenn nötig (§ 17 Absatz 1), mit eigener Lichtquelle zu beleuchten oder durch andere zugelassene lichttechnische Einrichtungen kenntlich zu machen.

(2) Sensen, Mähmesser oder ähnlich gefährliche Geräte sind wirksam zu verkleiden.

§ 33. Verkehrsbeeinträchtigungen. (1) [1]Verboten ist

1. der Betrieb von Lautsprechern,
2. das Anbieten von Waren und Leistungen aller Art auf der Straße,
3. außerhalb geschlossener Ortschaften jede Werbung und Propaganda durch Bild, Schrift, Licht oder Ton,

wenn dadurch am Verkehr Teilnehmende in einer den Verkehr gefährdenden oder erschwerenden Weise abgelenkt oder belästigt werden können. [2]Auch durch innerörtliche Werbung und Propaganda darf der Verkehr außerhalb geschlossener Ortschaften nicht in solcher Weise gestört werden.

(2) [1]Einrichtungen, die Zeichen oder Verkehrseinrichtungen (§§ 36 bis 43 in Verbindung mit den Anlagen 1 bis 4) gleichen, mit ihnen verwechselt werden können oder deren Wirkung beeinträchtigen können, dürfen dort nicht angebracht oder sonst verwendet werden, wo sie sich auf den Verkehr auswirken können. [2]Werbung und Propaganda in Verbindung mit Verkehrszeichen und Verkehrseinrichtungen sind unzulässig.

(3) Ausgenommen von den Verboten des Absatzes 1 Satz 1 Nummer 3 und des Absatzes 2 Satz 2 sind in der Hinweisbeschilderung für Nebenbetriebe an den Bundesautobahnen und für Autohöfe die Hinweise auf Dienstleistungen, die unmittelbar den Belangen der am Verkehr Teilnehmenden auf den Bundesautobahnen dienen.

§ 34. Unfall. (1) Nach einem Verkehrsunfall hat, wer daran beteiligt ist,

1. unverzüglich zu halten,
2. den Verkehr zu sichern und bei geringfügigem Schaden unverzüglich beiseite zu fahren,
3. sich über die Unfallfolgen zu vergewissern,

4. Verletzten zu helfen (§ 323c des Strafgesetzbuchs),
5. anderen am Unfallort anwesenden Beteiligten und Geschädigten
   a) anzugeben, dass man am Unfall beteiligt war und
   b) auf Verlangen den eigenen Namen und die eigene Anschrift anzugeben sowie den eigenen Führerschein und den Fahrzeugschein vorzuweisen und nach bestem Wissen Angaben über die Haftpflichtversicherung zu machen,
6. a) so lange am Unfallort zu bleiben, bis zugunsten der anderen Beteiligten und Geschädigten die Feststellung der Person, des Fahrzeugs und der Art der Beteiligung durch eigene Anwesenheit ermöglicht wurde oder
   b) eine nach den Umständen angemessene Zeit zu warten und am Unfallort den eigenen Namen und die eigene Anschrift zu hinterlassen, wenn niemand bereit war, die Feststellung zu treffen,
7. unverzüglich die Feststellungen nachträglich zu ermöglichen, wenn man sich berechtigt, entschuldigt oder nach Ablauf der Wartefrist (Nummer 6 Buchstabe b) vom Unfallort entfernt hat. Dazu ist mindestens den Berechtigten (Nummer 6 Buchstabe a) oder einer nahe gelegenen Polizeidienststelle mitzuteilen, dass man am Unfall beteiligt gewesen ist, und die eigene Anschrift, den Aufenthalt sowie das Kennzeichen und den Standort des beteiligten Fahrzeugs anzugeben und dieses zu unverzüglichen Feststellungen für eine zumutbare Zeit zur Verfügung zu halten.

(2) Beteiligt an einem Verkehrsunfall ist jede Person, deren Verhalten nach den Umständen zum Unfall beigetragen haben kann.

(3) Unfallspuren dürfen nicht beseitigt werden, bevor die notwendigen Feststellungen getroffen worden sind.

§ 35. Sonderrechte. (1) Von den Vorschriften dieser Verordnung sind die Bundeswehr, die Bundespolizei, die Feuerwehr, der Katastrophenschutz, die Polizei und der Zolldienst befreit, soweit das zur Erfüllung hoheitlicher Aufgaben dringend geboten ist.

(1a) Absatz 1 gilt entsprechend für ausländische Beamte, die auf Grund völkerrechtlicher Vereinbarungen zur Nacheile oder Observation im Inland berechtigt sind.

(2) Dagegen bedürfen diese Organisationen auch unter den Voraussetzungen des Absatzes 1 der Erlaubnis,

1. wenn sie mehr als 30 Kraftfahrzeuge im geschlossenen Verband (§ 27) fahren lassen wollen,
2. im Übrigen bei jeder sonstigen übermäßigen Straßenbenutzung mit Ausnahme der nach § 29 Absatz 3 Satz 2.

(3) Die Bundeswehr ist über Absatz 2 hinaus auch zu übermäßiger Straßenbenutzung befugt, soweit Vereinbarungen getroffen sind.

(4) Die Beschränkungen der Sonderrechte durch die Absätze 2 und 3 gelten nicht bei Einsätzen anlässlich von Unglücksfällen, Katastrophen und Störungen der öffentlichen Sicherheit oder Ordnung sowie in den Fällen der Artikel 91 und 87a Absatz 4 des Grundgesetzes sowie im Verteidigungsfall und im Spannungsfall.

(5) Die Truppen der nichtdeutschen Vertragsstaaten des Nordatlantikpaktes sind im Falle dringender militärischer Erfordernisse von den Vorschriften dieser Verordnung befreit, von den Vorschriften des § 29 allerdings nur, soweit für diese Truppen Sonderregelungen oder Vereinbarungen bestehen.

(5a) Fahrzeuge des Rettungsdienstes sind von den Vorschriften dieser Verordnung befreit, wenn höchste Eile geboten ist, um Menschenleben zu retten oder schwere gesundheitliche Schäden abzuwenden.

(6) [1] Fahrzeuge, die dem Bau, der Unterhaltung oder Reinigung der Straßen und Anlagen im Straßenraum oder der Müllabfuhr dienen und durch weiß-rot-weiße Warneinrichtungen gekennzeichnet sind, dürfen auf allen Straßen und Straßenteilen und auf jeder Straßenseite in jeder Richtung zu allen Zeiten fahren und halten, soweit ihr Einsatz dies erfordert, zur Reinigung der Gehwege jedoch nur, wenn die zulässige Gesamtmasse bis zu 2,8 t beträgt. [2] Dasselbe gilt auch für Fahrzeuge zur Reinigung der Gehwege, deren zulässige Gesamtmasse 3,5 t nicht übersteigt und deren Reifeninnendruck nicht mehr als 3 bar beträgt. [3] Dabei ist sicherzustellen, dass keine Beschädigung der Gehwege und der darunter liegenden Versorgungsleitungen erfolgen kann. [4] Personen, die hierbei eingesetzt sind oder Straßen oder in deren Raum befindliche Anlagen zu beaufsichtigen haben, müssen bei ihrer Arbeit außerhalb von Gehwegen und Absperrungen auffällige Warnkleidung tragen.

(7) Messfahrzeuge der Bundesnetzagentur für Elektrizität, Gas, Telekommunikation, Post und Eisenbahn (§ 1 des Gesetzes über die Bundesnetzagentur) dürfen auf allen Straßen und Straßenteilen zu allen Zeiten fahren und halten, soweit ihr hoheitlicher Einsatz dies erfordert.

(7a) [1] Fahrzeuge von Unternehmen, die Universaldienstleistungen nach § 11 des Postgesetzes in Verbindung mit § 1 Nummer 1 der Post-Universaldienstleistungsverordnung erbringen oder Fahrzeuge von Unternehmen, die in deren Auftrag diese Universaldienstleistungen erbringen (Subunternehmer), dürfen abweichend von Anlage 2 Nummer 21 (Zeichen 242.1) Fußgängerzonen auch außerhalb der durch Zusatzzeichen angeordneten Zeiten für Anlieger- und Anlieferverkehr benutzen, soweit dies zur zeitgerechten Leerung von Briefkästen oder zur Abholung von Briefen in stationären Einrichtungen erforderlich ist. [2] Ferner dürfen die in Satz 1 genannten Fahrzeuge abweichend von § 12 Absatz 4 Satz 1 und Anlage 2 Nummer 62 (Zeichen 283), Nummer 63 (Zeichen 286) und Nummer 64 (Zeichen 290.1) in einem Bereich von 10 m vor oder hinter einem Briefkasten auf der Fahrbahn auch in zweiter Reihe kurzfristig parken, soweit dies mangels geeigneter anderweitiger Parkmöglichkeiten in diesem Bereich zum Zwecke der Leerung von Briefkästen erforderlich ist. [3] Die Sätze 1 und 2 gelten nur, soweit ein Nachweis zum Erbringen der Universaldienstleistung oder zusätzlich ein Nachweis über die Beauftragung als Subunternehmer im Fahrzeug jederzeit gut sichtbar ausgelegt oder angebracht ist. [4] § 2 Absatz 3 in Verbindung mit Anhang 3 Nummer 7 der Verordnung zur Kennzeichnung der Kraftfahrzeuge mit geringem Beitrag zur Schadstoffbelastung vom 10. Oktober 2006 (BGBl. I S. 2218), die durch Artikel 1 der Verordnung vom 5. Dezember 2007 (BGBl. I S. 2793) geändert worden ist, ist für die in Satz 1 genannten Fahrzeuge nicht anzuwenden.

(8) Die Sonderrechte dürfen nur unter gebührender Berücksichtigung der öffentlichen Sicherheit und Ordnung ausgeübt werden.

(9) Wer ohne Beifahrer ein Einsatzfahrzeug der Behörden und Organisationen mit Sicherheitsaufgaben (BOS) führt und zur Nutzung des BOS-Funks berechtigt ist, darf unbeschadet der Absätze 1 und 5a abweichend von § 23 Absatz 1a ein Funkgerät oder das Handteil eines Funkgerätes aufnehmen und halten.

II. Zeichen und Verkehrseinrichtungen

§ 36. Zeichen und Weisungen der Polizeibeamten. (1) [1]Die Zeichen und Weisungen der Polizeibeamten sind zu befolgen. [2]Sie gehen allen anderen Anordnungen und sonstigen Regeln vor, entbinden den Verkehrsteilnehmer jedoch nicht von seiner Sorgfaltspflicht.

(2) An Kreuzungen ordnet an:

1. Seitliches Ausstrecken eines Armes oder beider Arme quer zur Fahrtrichtung: „Halt vor der Kreuzung".

   Der Querverkehr ist freigegeben.

   Wird dieses Zeichen gegeben, gilt es fort, solange in der gleichen Richtung gewinkt oder nur die Grundstellung beibehalten wird. Der freigegebene Verkehr kann nach den Regeln des § 9 abbiegen, nach links jedoch nur, wenn er Schienenfahrzeuge dadurch nicht behindert.

2. Hochheben eines Arms:

   „Vor der Kreuzung auf das nächste Zeichen warten",

   für Verkehrsteilnehmer in der Kreuzung: „Kreuzung räumen".

(3) Diese Zeichen können durch Weisungen ergänzt oder geändert werden.

(4) An anderen Straßenstellen, wie an Einmündungen und an Fußgängerüberwegen, haben die Zeichen entsprechende Bedeutung.

(5) [1]Polizeibeamte dürfen Verkehrsteilnehmer zur Verkehrskontrolle einschließlich der Kontrolle der Verkehrstüchtigkeit und zu Verkehrserhebungen anhalten. [2]Das Zeichen zum Anhalten kann auch durch geeignete technische Einrichtungen am Einsatzfahrzeug, eine Winkerkelle oder eine rote Leuchte gegeben werden. [3]Mit diesen Zeichen kann auch ein vorausfahrender Verkehrsteilnehmer angehalten werden. [4]Die Verkehrsteilnehmer haben die Anweisungen der Polizeibeamten zu befolgen.

§ 37. Wechsellichtzeichen, Dauerlichtzeichen und Grünpfeil. (1) [1]Lichtzeichen gehen Vorrangregeln und Vorrang regelnden Verkehrszeichen vor. [2]Wer ein Fahrzeug führt, darf bis zu 10 m vor einem Lichtzeichen nicht halten, wenn es dadurch verdeckt wird.

(2) [1] Wechsellichtzeichen haben die Farbfolge Grün – Gelb – Rot – Rot und Gelb (gleichzeitig) – Grün. [2] Rot ist oben, Gelb in der Mitte und Grün unten.

1. An Kreuzungen bedeuten:
   Grün: „Der Verkehr ist freigegeben".
   Er kann nach den Regeln des § 9 abbiegen, nach links jedoch nur, wenn er Schienenfahrzeuge dadurch nicht behindert.
   Grüner Pfeil: „Nur in Richtung des Pfeils ist der Verkehr freigegeben".
   Ein grüner Pfeil links hinter der Kreuzung zeigt an, dass der Gegenverkehr durch Rotlicht angehalten ist und dass, wer links abbiegt, die Kreuzung in Richtung des grünen Pfeils ungehindert befahren und räumen kann.
   Gelb ordnet an: „Vor der Kreuzung auf das nächste Zeichen warten".
   Keines dieser Zeichen entbindet von der Sorgfaltspflicht.
   Rot ordnet an: „Halt vor der Kreuzung".
   Nach dem Anhalten ist das Abbiegen nach rechts auch bei Rot erlaubt, wenn rechts neben dem Lichtzeichen Rot ein Schild mit grünem Pfeil auf schwarzem Grund (Grünpfeil) angebracht ist. Wer ein Fahrzeug führt, darf nur aus dem rechten Fahrstreifen abbiegen. Dabei muss man sich so verhalten, dass eine Behinderung oder Gefährdung anderer Verkehrsteilnehmer, insbesondere des Fußgänger- und Fahrzeugverkehrs der freigegebenen Verkehrsrichtung, ausgeschlossen ist.
   Schwarzer Pfeil auf Rot ordnet das Halten, schwarzer Pfeil auf Gelb das Warten nur für die angegebene Richtung an.
   Ein einfeldiger Signalgeber mit Grünpfeil zeigt an, dass bei Rot für die Geradeaus-Richtung nach rechts abgebogen werden darf.
2. An anderen Straßenstellen, wie an Einmündungen und an Markierungen für den Fußgängerverkehr, haben die Lichtzeichen entsprechende Bedeutung.
3. Lichtzeichenanlagen können auf die Farbfolge Gelb – Rot beschränkt sein.
4. Für jeden von mehreren markierten Fahrstreifen (Zeichen 295, 296 oder 340) kann ein eigenes Lichtzeichen gegeben werden. Für Schienenbahnen können besondere Zeichen,

auch in abweichenden Phasen, gegeben werden; das gilt auch für Omnibusse des Linienverkehrs und nach dem Personenbeförderungsrecht mit dem Schulbus-Zeichen zu kennzeichnende Fahrzeuge des Schüler- und Behindertenverkehrs, wenn diese einen vom übrigen Verkehr freigehaltenen Verkehrsraum benutzen; dies gilt zudem für Krankenfahrzeuge, Fahrräder, Taxen und Busse im Gelegenheitsverkehr, soweit diese durch Zusatzzeichen dort ebenfalls zugelassen sind.

5. Gelten die Lichtzeichen nur für zu Fuß Gehende oder nur für Rad Fahrende, wird das durch das Sinnbild „Fußgänger" oder „Radverkehr" angezeigt. Für zu Fuß Gehende ist die Farbfolge Grün – Rot – Grün; für Rad Fahrende kann sie so sein. Wechselt Grün auf Rot, während zu Fuß Gehende die Fahrbahn überschreiten, haben sie ihren Weg zügig fortzusetzen.
6. Wer ein Rad fährt, hat die Lichtzeichen für den Fahrverkehr zu beachten. Davon abweichend sind auf Radverkehrsführungen die besonderen Lichtzeichen für den Radverkehr zu beachten. An Lichtzeichenanlagen mit Radverkehrsführungen ohne besondere Lichtzeichen für Rad Fahrende müssen Rad Fahrende bis zum 31. Dezember 2016 weiterhin die Lichtzeichen für zu Fuß Gehende beachten, soweit eine Radfahrerfurt an eine Fußgängerfurt grenzt.

(3) [1]Dauerlichtzeichen über einem Fahrstreifen sperren ihn oder geben ihn zum Befahren frei. [2]Rote gekreuzte Schrägbalken ordnen an:

„Der Fahrstreifen darf nicht benutzt werden".

[3]Ein grüner, nach unten gerichteter Pfeil bedeutet:

„Der Verkehr auf dem Fahrstreifen ist freigegeben".

[4]Ein gelb blinkender, schräg nach unten gerichteter Pfeil ordnet an:

„Fahrstreifen in Pfeilrichtung wechseln".

(4) Wo Lichtzeichen den Verkehr regeln, darf nebeneinander gefahren werden, auch wenn die Verkehrsdichte das nicht rechtfertigt.

(5) Wer ein Fahrzeug führt, darf auf Fahrstreifen mit Dauerlichtzeichen nicht halten.

§ 38. Blaues Blinklicht und gelbes Blinklicht. (1) [1]Blaues Blinklicht zusammen mit dem Einsatzhorn darf nur verwendet werden, wenn höchste Eile geboten ist, um Menschenleben zu retten oder schwere gesundheitliche Schäden abzuwenden, eine Gefahr für die öffentliche Sicherheit oder Ordnung abzuwenden, flüchtige Personen zu verfolgen oder bedeutende Sachwerte zu erhalten. [2]Es ordnet an:

„Alle übrigen Verkehrsteilnehmer haben sofort freie Bahn zu schaffen".

(2) Blaues Blinklicht allein darf nur von den damit ausgerüsteten Fahrzeugen und nur zur Warnung an Unfall- oder sonstigen Einsatzstellen, bei Einsatzfahrten oder bei der Begleitung von Fahrzeugen oder von geschlossenen Verbänden verwendet werden.

(3) [1]Gelbes Blinklicht warnt vor Gefahren. [2]Es kann ortsfest oder von Fahrzeugen aus verwendet werden. [3]Die Verwendung von Fahrzeugen aus ist nur zulässig, um vor Arbeits- oder Unfallstellen, vor ungewöhnlich langsam fahrenden Fahrzeugen oder vor Fahrzeugen mit ungewöhnlicher Breite oder Länge oder mit ungewöhnlich breiter oder langer Ladung zu warnen.

§ 39. Verkehrszeichen. (1) Angesichts der allen Verkehrsteilnehmern obliegenden Verpflichtung, die allgemeinen und besonderen Verhaltensvorschriften dieser Verordnung eigenverantwortlich zu beachten, werden örtliche Anordnungen durch Verkehrszeichen nur dort getroffen, wo dies auf Grund der besonderen Umstände zwingend geboten ist.

(1a) Innerhalb geschlossener Ortschaften ist abseits der Vorfahrtstraßen (Zeichen 306) mit der Anordnung von Tempo 30-Zonen (Zeichen 274.1) zu rechnen.

(2) [1]Regelungen durch Verkehrszeichen gehen den allgemeinen Verkehrsregeln vor. [2]Verkehrszeichen sind Gefahrzeichen, Vorschriftzeichen und Richtzeichen. [3]Als Schilder stehen sie regelmäßig rechts. [4]Gelten sie nur für einzelne markierte Fahrstreifen, sind sie in der Regel über diesen angebracht.

(3) [1]Auch Zusatzzeichen sind Verkehrszeichen. [2]Zusatzzeichen zeigen auf weißem Grund mit schwarzem Rand schwarze Sinnbilder, Zeichnungen oder Aufschriften, soweit nichts anderes bestimmt ist. [3]Sie sind unmittelbar, in der Regel unter dem Verkehrszeichen, auf das sie sich beziehen, angebracht.

(4) [1]Verkehrszeichen können auf einer weißen Trägertafel aufgebracht sein. [2]Abweichend von den abgebildeten Verkehrszeichen können in Wechselverkehrszeichen die weißen Flächen schwarz und die schwarzen Sinnbilder und der schwarze Rand weiß sein, wenn diese Zeichen nur durch Leuchten erzeugt werden.

(5) [1]Auch Markierungen und Radverkehrsführungsmarkierungen sind Verkehrszeichen. [2]Sie sind grundsätzlich weiß. [3]Nur als vorübergehend gültige Markierungen sind sie gelb; dann heben sie die weißen Markierungen auf. [4]Gelbe Markierungen können auch in Form von Markierungsknopfreihen, Markierungsleuchtknopfreihen oder als Leitschwellen oder Leitborde ausgeführt sein. [5]Leuchtknopfreihen gelten nur, wenn sie eingeschaltet sind. [6]Alle Linien können durch gleichmäßig dichte Markierungsknopfreihen ersetzt werden. [7]In verkehrsberuhigten Geschäftsbereichen (§ 45 Absatz 1d) können Fahrbahnbegrenzungen auch mit anderen Mitteln, insbesondere durch Pflasterlinien, ausgeführt sein. [8]Schriftzeichen und die Wiedergabe von Verkehrszeichen auf der Fahrbahn dienen dem Hinweis auf ein angebrachtes Verkehrszeichen.

(6) [1]Verkehrszeichen können an einem Fahrzeug angebracht sein. [2]Sie gelten auch während das Fahrzeug sich bewegt. [3]Sie gehen den Anordnungen der ortsfest angebrachten Verkehrszeichen vor.

(7) Werden Sinnbilder auf anderen Verkehrszeichen als den in den Anlagen 1 bis 3 zu den §§ 40 bis 42 dargestellten gezeigt, so bedeuten die Sinnbilder:

Kraftwagen und sonstige mehrspurige Kraftfahrzeuge

Kraftfahrzeuge mit einer zulässigen Gesamtmasse über 3,5 t, einschließlich ihrer Anhänger, und Zugmaschinen, ausgenommen Personenkraftwagen und Kraftomnibusse

Radverkehr

Fußgänger

Reiter

Viehtrieb

Straßenbahn

Kraftomnibus

Personenkraftwagen

Personenkraftwagen
mit Anhänger

Lastkraftwagen
mit Anhänger

Kraftfahrzeuge und
Züge, die nicht
schneller als
25 km/h fahren
können oder dürfen

Krafträder,
auch mit Beiwagen,
Kleinkrafträder
und Mofas

Mofas

Einsitzige zweirädrige Kleinkrafträder
mit elektrischem Antrieb, der sich bei einer
Geschwindigkeit von mehr als 25 km/h
selbsttätig abschaltet – E-Bikes –

Gespannfuhrwerke

(8) Bei besonderen Gefahrenlagen können als Gefahrzeichen nach Anlage 1 auch die Sinnbilder „Viehtrieb“ und „Reiter“ und Sinnbilder mit folgender Bedeutung angeordnet werden:

Schnee- oder Eisglätte

Steinschlag

Splitt, Schotter

Bewegliche Brücke

Ufer

Fußgängerüberweg

Amphibienwanderung

Unzureichendes Lichtraumprofil

Flugbetrieb

(9) [1]Die in den Anlagen 1 bis 4 abgebildeten Verkehrszeichen und Verkehrseinrichtungen können auch mit den im Verkehrszeichenkatalog dargestellten Varianten angeordnet sein. [2]Der Verkehrszeichenkatalog wird vom Bundesministerium für Verkehr und digitale Infrastruktur im Verkehrsblatt veröffentlicht.

(10) [1]Zur Bevorrechtigung elektrisch betriebener Fahrzeuge kann das Sinnbild

als Inhalt eines Zusatzzeichens angeordnet sein. [2]Elektrisch betriebene Fahrzeuge sind die nach § 9a Absatz 2 und 4, jeweils auch in Verbindung mit Absatz 5, der Fahrzeug-Zulassungserordnung gekennzeichneten Fahrzeuge.

§ 40. Gefahrzeichen. (1) Gefahrzeichen mahnen zu erhöhter Aufmerksamkeit, insbesondere zur Verringerung der Geschwindigkeit im Hinblick auf eine Gefahrsituation (§ 3 Absatz 1).

(2) [1] Außerhalb geschlossener Ortschaften stehen sie im Allgemeinen 150 bis 250 m vor den Gefahrstellen. [2] Ist die Entfernung erheblich geringer, kann sie auf einem Zusatzzeichen angegeben sein, wie

(3) Innerhalb geschlossener Ortschaften stehen sie im Allgemeinen kurz vor der Gefahrstelle.

(4) Ein Zusatzzeichen wie

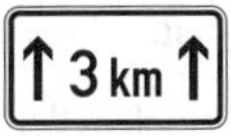

kann die Länge der Gefahrstrecke angeben.

(5) Steht ein Gefahrzeichen vor einer Einmündung, weist auf einem Zusatzzeichen ein schwarzer Pfeil in die Richtung der Gefahrstelle, falls diese in der anderen Straße liegt.

(6) Allgemeine Gefahrzeichen ergeben sich aus der Anlage 1 Abschnitt 1.

(7) Besondere Gefahrzeichen vor Übergängen von Schienenbahnen mit Vorrang ergeben sich aus der Anlage 1 Abschnitt 2.

§ 41. Vorschriftzeichen. (1) Wer am Verkehr teilnimmt, hat die durch Vorschriftzeichen nach Anlage 2 angeordneten Ge- oder Verbote zu befolgen.

(2) [1] Vorschriftzeichen stehen vorbehaltlich des Satzes 2 dort, wo oder von wo an die Anordnung zu befolgen ist. [2] Soweit die Zeichen aus Gründen der Leichtigkeit oder der Sicherheit des Verkehrs in einer bestimmten Entfernung zum Beginn der Befolgungspflicht stehen, ist die Entfernung zu dem maßgeblichen Ort auf einem Zusatzzeichen angegeben. [3] Andere Zusatzzeichen enthalten nur allgemeine Beschränkungen der Gebote oder Verbote oder allgemeine Ausnahmen von ihnen. [4] Die besonderen Zusatzzeichen zu den Zeichen 283, 286, 277, 290.1 und 290.2 können etwas anderes bestimmen, zum Beispiel den Geltungsbereich erweitern.

§ 42. Richtzeichen. (1) [1]Richtzeichen geben besondere Hinweise zur Erleichterung des Verkehrs. [2]Sie können auch Ge- oder Verbote enthalten.

(2) Wer am Verkehr teilnimmt, hat die durch Richtzeichen nach Anlage 3 angeordneten Ge- oder Verbote zu befolgen.

(3) [1]Richtzeichen stehen vorbehaltlich des Satzes 2 dort, wo oder von wo an die Anordnung zu befolgen ist. [2]Soweit die Zeichen aus Gründen der Leichtigkeit oder der Sicherheit des Verkehrs in einer bestimmten Entfernung zum Beginn der Befolgungspflicht stehen, ist die Entfernung zu dem maßgeblichen Ort auf einem Zusatzzeichen angegeben.

§ 43. Verkehrseinrichtungen. (1) [1]Verkehrseinrichtungen sind Schranken, Sperrpfosten, Absperrgeräte sowie Leiteinrichtungen, die bis auf Leitpfosten, Leitschwellen und Leitborde rot-weiß gestreift sind. [2]Leitschwellen und Leitborde haben die Funktion einer vorübergehend gültigen Markierung und sind gelb. [3]Verkehrseinrichtungen sind außerdem Absperrgeländer, Parkuhren, Parkscheinautomaten, Blinklicht- und Lichtzeichenanlagen sowie Verkehrsbeeinflussungsanlagen. [4]§ 39 Absatz 1 gilt entsprechend.

(2) Regelungen durch Verkehrseinrichtungen gehen den allgemeinen Verkehrsregeln vor.

(3) [1]Verkehrseinrichtungen nach Absatz 1 Satz 1 ergeben sich aus Anlage 4. [2]Die durch Verkehrseinrichtungen (Anlage 4 Nummer 1 bis 7) gekennzeichneten Straßenflächen darf der Verkehrsteilnehmer nicht befahren.

(4) Zur Kennzeichnung nach § 17 Absatz 4 Satz 2 und 3 von Fahrzeugen und Anhängern, die innerhalb geschlossener Ortschaften auf der Fahrbahn halten, können amtlich geprüfte Park-Warntafeln verwendet werden.

III. Durchführungs-, Bußgeld- und Schlussvorschriften

§ 44. Sachliche Zuständigkeit. (1) [1]Zuständig zur Ausführung dieser Verordnung sind, soweit nichts anderes bestimmt ist, die Straßenverkehrsbehörden. [2]Nach Maßgabe des Landesrechts kann die Zuständigkeit der obersten Landesbehörden und der höheren Verwaltungsbehörden im Einzelfall oder allgemein auf eine andere Stelle übertragen werden.

(2) [1]Die Polizei ist befugt, den Verkehr durch Zeichen und Weisungen (§ 36) und durch Bedienung von Lichtzeichenanlagen zu regeln. [2]Bei Gefahr im Verzug kann zur Aufrechterhaltung der Sicherheit oder Ordnung des Straßenverkehrs die Polizei an Stelle der an sich zuständigen Behörden tätig werden und vorläufige Maßnahmen treffen; sie bestimmt dann die Mittel zur Sicherung und Lenkung des Verkehrs.

(3) [1]Die Erlaubnis nach § 29 Absatz 2 und nach § 30 Absatz 2 erteilt die Straßenverkehrsbehörde, dagegen die höhere Verwaltungsbehörde, wenn die Veranstaltung über den Bezirk einer Straßenverkehrsbehörde hinausgeht, und die oberste Landesbehörde, wenn die Veranstaltung sich über den Verwaltungsbezirk einer höheren Verwaltungsbehörde hinaus erstreckt. [2]Berührt die Veranstaltung mehrere Länder, ist diejenige oberste Landesbehörde zuständig, in deren Land die Veranstaltung beginnt. [3]Nach Maßgabe des Landesrechts kann die Zuständigkeit der obersten Landesbehörden und der höheren Verwaltungsbehörden im Einzelfall oder allgemein auf eine andere Stelle übertragen werden.

(3a) [1]Die Erlaubnis nach § 29 Absatz 3 erteilt die Straßenverkehrsbehörde, dagegen die höhere Verwaltungsbehörde, welche Abweichungen von den Abmessungen, den Achslasten, den zulässigen Gesamtmassen und dem Sichtfeld des Fahrzeugs über eine Ausnahme zulässt, sofern kein Anhörverfahren stattfindet; sie ist dann auch zuständig für Ausnahmen nach § 46 Absatz 1 Nummer 2 und 5 im Rahmen einer solchen Erlaubnis. [2]Dasselbe gilt, wenn eine andere Behörde diese Aufgaben der höheren Verwaltungsbehörde wahrnimmt.

(4) Vereinbarungen über die Benutzung von Straßen durch den Militärverkehr werden von der Bundeswehr oder den Truppen der nichtdeutschen Vertragsstaaten des Nordatlantikpaktes mit der obersten Landesbehörde oder der von ihr bestimmten Stelle abgeschlossen.

(5) Soweit keine Vereinbarungen oder keine Sonderregelungen für ausländische Streitkräfte bestehen, erteilen die höheren Verwaltungsbehörden oder die nach Landesrecht bestimmten Stellen die Erlaubnis für übermäßige Benutzung der Straße durch die Bundeswehr oder durch die Truppen der nichtdeut-

schen Vertragsstaaten des Nordatlantikpaktes; sie erteilen auch die Erlaubnis für die übermäßige Benutzung der Straße durch die Bundespolizei, die Polizei und den Katastrophenschutz.

§ 45. Verkehrszeichen und Verkehrseinrichtungen. (1) [1]Die Straßenverkehrsbehörden können die Benutzung bestimmter Straßen oder Straßenstrecken aus Gründen der Sicherheit oder Ordnung des Verkehrs beschränken oder verbieten und den Verkehr umleiten. [2]Das gleiche Recht haben sie

1. zur Durchführung von Arbeiten im Straßenraum,
2. zur Verhütung außerordentlicher Schäden an der Straße,
3. zum Schutz der Wohnbevölkerung vor Lärm und Abgasen,
4. zum Schutz der Gewässer und Heilquellen,
5. hinsichtlich der zur Erhaltung der öffentlichen Sicherheit erforderlichen Maßnahmen sowie
6. zur Erforschung des Unfallgeschehens, des Verkehrsverhaltens, der Verkehrsabläufe sowie zur Erprobung geplanter verkehrssichernder oder verkehrsregelnder Maßnahmen.

(1a) Das gleiche Recht haben sie ferner

1. in Bade- und heilklimatischen Kurorten,
2. in Luftkurorten,
3. in Erholungsorten von besonderer Bedeutung,
4. in Landschaftsgebieten und Ortsteilen, die überwiegend der Erholung dienen,

4a. hinsichtlich örtlich begrenzter Maßnahmen aus Gründen des Arten- oder Biotopschutzes,

4b. hinsichtlich örtlich und zeitlich begrenzter Maßnahmen zum Schutz kultureller Veranstaltungen, die außerhalb des Straßenraums stattfinden und durch den Straßenverkehr, insbesondere durch den von diesem ausgehenden Lärm, erheblich beeinträchtigt werden,

5. in der Nähe von Krankenhäusern und Pflegeanstalten sowie
6. in unmittelbarer Nähe von Erholungsstätten außerhalb geschlossener Ortschaften,

wenn dadurch anders nicht vermeidbare Belästigungen durch den Fahrzeugverkehr verhütet werden können.

(1b) [1]Die Straßenverkehrsbehörden treffen auch die notwendigen Anordnungen

1. im Zusammenhang mit der Einrichtung von gebührenpflichtigen Parkplätzen für Großveranstaltungen,
2. im Zusammenhang mit der Kennzeichnung von Parkmöglichkeiten für schwerbehinderte Menschen mit außergewöhnlicher Gehbehinderung, beidseitiger Amelie oder Phokomelie oder mit vergleichbaren Funktionseinschränkungen sowie für blinde Menschen,

2a. im Zusammenhang mit der Kennzeichnung von Parkmöglichkeiten für Bewohner städtischer Quartiere mit erheblichem Parkraummangel durch vollständige oder zeitlich beschränkte Reservierung des Parkraums für die Berechtigten oder durch Anordnung der Freistellung von angeordneten Parkraumbewirtschaftungsmaßnahmen,

3. zur Kennzeichnung von Fußgängerbereichen und verkehrsberuhigten Bereichen,
4. zur Erhaltung der Sicherheit oder Ordnung in diesen Bereichen sowie
5. zum Schutz der Bevölkerung vor Lärm und Abgasen oder zur Unterstützung einer geordneten städtebaulichen Entwicklung.

[2]Die Straßenverkehrsbehörden ordnen die Parkmöglichkeiten für Bewohner, die Kennzeichnung von Fußgängerbereichen, verkehrsberuhigten Bereichen und Maßnahmen zum Schutze der Bevölkerung vor Lärm und Abgasen oder zur Unterstützung einer geordneten städtebaulichen Entwicklung im Einvernehmen mit der Gemeinde an.

(1c) [1]Die Straßenverkehrsbehörden ordnen ferner innerhalb geschlossener Ortschaften, insbesondere in Wohngebieten und Gebieten mit hoher Fußgänger- und Fahrradverkehrsdichte sowie hohem Querungsbedarf, Tempo 30-Zonen im Einvernehmen mit der Gemeinde an. [2]Die Zonen-Anordnung darf sich weder auf Straßen des überörtlichen Verkehrs (Bundes-, Landes- und Kreisstraßen) noch auf weitere Vorfahrtstraßen (Zeichen 306) erstrecken. [3]Sie darf nur Straßen ohne Lichtzeichen geregelte Kreuzungen oder Einmündungen, Fahrstreifenbegrenzungen (Zeichen 295), Leitlinien (Zeichen 340) und benutzungspflichtige Radwege (Zeichen 237, 240, 241 oder Zeichen 295 in Verbindung mit Zeichen 237) umfassen. [4]An Kreuzungen und Einmündungen innerhalb der Zone muss grundsätzlich die Vorfahrtregel nach § 8 Absatz 1 Satz 1 („rechts vor links“) gelten. [5]Abweichend von Satz 3 bleiben vor dem 1. November 2000 angeordnete Tempo 30-Zonen mit Lichtzeichenanlagen zum Schutz der Fußgänger zulässig.

(1d) In zentralen städtischen Bereichen mit hohem Fußgängeraufkommen und überwiegender Aufenthaltsfunktion (verkehrsberuhigte Geschäftsbereiche) können auch Zonen-Geschwindigkeitsbeschränkungen von weniger als 30 km/h angeordnet werden.

(1e) [1]Die Straßenverkehrsbehörden ordnen die für den Betrieb von mautgebührenpflichtigen Strecken erforderlichen Verkehrszeichen und Verkehrseinrichtungen auf der Grundlage des vom Konzessionsnehmer vorgelegten Verkehrszeichenplans an. [2]Die erforderlichen Anordnungen sind spätestens drei Monate nach Eingang des Verkehrszeichenplans zu treffen.

(1f) Zur Kennzeichnung der in einem Luftreinhalteplan oder einem Plan für kurzfristig zu ergreifende Maßnahmen nach § 47 Absatz 1 oder 2 des Bundes-Immissionsschutzgesetzes festgesetzten Umweltzonen ordnet die Straßenverkehrsbehörde die dafür erforderlichen Verkehrsverbote mittels der Zeichen 270.1 und 270.2 in Verbindung mit dem dazu vorgesehenen Zusatzzeichen an.

(1g) Zur Bevorrechtigung elektrisch betriebener Fahrzeuge ordnet die Straßenverkehrsbehörde unter Beachtung der Anforderungen des § 3 Absatz 1 des Elektromobilitätsgesetzes die dafür erforderlichen Zeichen 314, 314.1 und 315 in Verbindung mit dem dazu vorgesehenen Zusatzzeichen an.

(2) [1]Zur Durchführung von Straßenbauarbeiten und zur Verhütung von außerordentlichen Schäden an der Straße, die durch deren baulichen Zustand bedingt sind, können die nach Landesrecht für den Straßenbau bestimmten Behörden (Straßenbaubehörde) – vorbehaltlich anderer Maßnahmen der Straßenverkehrsbehörden – Verkehrsverbote und -beschränkungen anordnen, den Verkehr umleiten und ihn durch Markierungen und Leiteinrichtungen lenken. [2]Für Bahnübergänge von Eisenbahnen des öffentlichen Verkehrs können nur die Bahnunternehmen durch Blinklicht- oder Lichtzeichenanlagen, durch rot-weiß gestreifte Schranken oder durch Aufstellung des Andreaskreuzes ein bestimmtes Verhalten der Verkehrsteilnehmer vorschreiben. [3]Für Bahnübergänge von Straßenbahnen auf unabhängigem Bahnkörper gilt Satz 2 mit der Maßgabe entspre-

chend, dass die Befugnis zur Anordnung der Maßnahmen der nach personenbeförderungsrechtlichen Vorschriften zuständigen Technischen Aufsichtsbehörde des Straßenbahnunternehmens obliegt. [4]Alle Gebote und Verbote sind durch Zeichen und Verkehrseinrichtungen nach dieser Verordnung anzuordnen.

(3) [1]Im Übrigen bestimmen die Straßenverkehrsbehörden, wo und welche Verkehrszeichen und Verkehrseinrichtungen anzubringen und zu entfernen sind, bei Straßennamensschildern nur darüber, wo diese so anzubringen sind, wie Zeichen 437 zeigt. [2]Die Straßenbaubehörden legen – vorbehaltlich anderer Anordnungen der Straßenverkehrsbehörden – die Art der Anbringung und der Ausgestaltung, wie Übergröße, Beleuchtung fest; ob Leitpfosten anzubringen sind, bestimmen sie allein. [3]Sie können auch – vorbehaltlich anderer Maßnahmen der Straßenverkehrsbehörden – Gefahrzeichen anbringen, wenn die Sicherheit des Verkehrs durch den Zustand der Straße gefährdet wird.

(4) Die genannten Behörden dürfen den Verkehr nur durch Verkehrszeichen und Verkehrseinrichtungen regeln und lenken; in dem Fall des Absatzes 1 Satz 2 Nummer 5 jedoch auch durch Anordnungen, die durch Rundfunk, Fernsehen, Tageszeitungen oder auf andere Weise bekannt gegeben werden, sofern die Aufstellung von Verkehrszeichen und -einrichtungen nach den gegebenen Umständen nicht möglich ist.

(5) [1]Zur Beschaffung, Anbringung, Unterhaltung und Entfernung der Verkehrszeichen und Verkehrseinrichtungen und zu deren Betrieb einschließlich ihrer Beleuchtung ist der Baulastträger verpflichtet, sonst der Eigentümer der Straße. [2]Das gilt auch für die von der Straßenverkehrsbehörde angeordnete Beleuchtung von Fußgängerüberwegen.

(6) [1]Vor dem Beginn von Arbeiten, die sich auf den Straßenverkehr auswirken, müssen die Unternehmer – die Bauunternehmer unter Vorlage eines Verkehrszeichenplans – von der zuständigen Behörde Anordnungen nach den Absätzen 1 bis 3 darüber einholen, wie ihre Arbeitsstellen abzusperren und zu kennzeichnen sind, ob und wie der Verkehr, auch bei teilweiser Straßensperrung, zu beschränken, zu leiten und zu regeln ist, ferner ob und wie sie gesperrte Straßen und Umleitungen zu kennzeichnen haben. [2]Sie haben diese Anordnungen zu befolgen und Lichtzeichenanlagen zu bedienen.

(7) [1]Sind Straßen als Vorfahrtstraßen oder als Verkehrsumleitungen gekennzeichnet, bedürfen Baumaßnahmen, durch welche die Fahrbahn eingeengt wird, der Zustimmung der Straßenverkehrsbehörde; ausgenommen sind die laufende Straßenunterhaltung sowie Notmaßnahmen. [2]Die Zustimmung gilt als erteilt, wenn sich die Behörde nicht innerhalb einer Woche nach Eingang des Antrags zu der Maßnahme geäußert hat.

(7a) Die Besatzung von Fahrzeugen, die im Pannenhilfsdienst, bei Bergungsarbeiten und bei der Vorbereitung von Abschleppmaßnahmen eingesetzt wird, darf bei Gefahr im Verzug zur Eigensicherung, zur Absicherung des havarierten Fahrzeugs und zur Sicherung des übrigen Verkehrs an der Pannenstelle Leitkegel (Zeichen 610) aufstellen.

(8) [1]Die Straßenverkehrsbehörden können innerhalb geschlossener Ortschaften die zulässige Höchstgeschwindigkeit auf bestimmten Straßen durch Zeichen 274 erhöhen. [2]Außerhalb geschlossener Ortschaften können sie mit Zustimmung der zuständigen obersten Landesbehörden die nach § 3 Absatz 3 Nummer 2 Buchstabe c zulässige Höchstgeschwindigkeit durch Zeichen 274 auf 120 km/h anheben.

(9) [1]Verkehrszeichen und Verkehrseinrichtungen sind nur dort anzuordnen, wo dies auf Grund der besonderen Umstände zwingend erforderlich ist. [2]Dabei dürfen Gefahrzeichen nur dort angeordnet werden, wo es für die Sicherheit des Verkehrs erforderlich ist, weil auch ein aufmerksamer Verkehrsteilnehmer die Gefahr nicht oder nicht rechtzeitig erkennen kann und auch nicht mit ihr rechnen muss. [3]Insbesondere Beschränkungen und Verbote des fließenden Verkehrs dürfen nur angeordnet werden, wenn auf Grund der besonderen örtlichen Verhältnisse eine Gefahrenlage besteht, die das allgemeine Risiko einer Beeinträchtigung der in den vorstehenden Absätzen genannten Rechtsgüter erheblich übersteigt. [4]Satz 3 gilt nicht für die Anordnung von

1. Schutzstreifen für den Radverkehr (Zeichen 340),
2. Fahrradstraßen (Zeichen 244.1),
3. Sonderwegen außerhalb geschlossener Ortschaften (Zeichen 237, Zeichen 240, Zeichen 241) oder Radfahrstreifen innerhalb geschlossener Ortschaften (Zeichen 237 in Verbindung mit Zeichen 295),
4. Tempo 30-Zonen nach Absatz 1c,

5. verkehrsberuhigten Geschäftsbereichen nach Absatz 1d,
6. innerörtlichen streckenbezogenen Geschwindigkeitsbeschränkungen von 30 km/h (Zeichen 274) nach Absatz 1 Satz 1 auf Straßen des überörtlichen Verkehrs (Bundes-, Landes- und Kreisstraßen) oder auf weiteren Vorfahrtstraßen (Zeichen 306) im unmittelbaren Bereich von an diesen Straßen gelegenen Kindergärten, Kindertagesstätten, allgemeinbildenden Schulen, Förderschulen, Alten- und Pflegeheimen oder Krankenhäusern.

[5] Satz 3 gilt ferner nicht für Beschränkungen oder Verbote des fließenden Verkehrs nach Absatz 1 Satz 1 oder 2 Nummer 3 zur Beseitigung oder Abmilderung von erheblichen Auswirkungen veränderter Verkehrsverhältnisse, die durch die Erhebung der Maut nach dem Bundesfernstraßenmautgesetz hervorgerufen worden sind. [6] Satz 3 gilt zudem nicht zur Kennzeichnung der in einem Luftreinhalteplan oder einem Plan für kurzfristig zu ergreifende Maßnahmen nach § 47 Absatz 1 oder 2 des Bundes-Immissionsschutzgesetzes festgesetzten Umweltzonen nach Absatz 1f.

(10) Absatz 9 gilt nicht, soweit Verkehrszeichen angeordnet werden, die zur Förderung der Elektromobilität nach dem Elektromobilitätsgesetz getroffen werden dürfen.

§ 46. Ausnahmegenehmigung und Erlaubnis. (1) [1] Die Straßenverkehrsbehörden können in bestimmten Einzelfällen oder allgemein für bestimmte Antragsteller Ausnahmen genehmigen

1. von den Vorschriften über die Straßenbenutzung (§ 2);
2. vom Verbot, eine Autobahn oder eine Kraftfahrstraße zu betreten oder mit dort nicht zugelassenen Fahrzeugen zu benutzen (§ 18 Absatz 1 und 9);
3. von den Halt- und Parkverboten (§ 12 Absatz 4);
4. vom Verbot des Parkens vor oder gegenüber von Grundstücksein- und -ausfahrten (§ 12 Absatz 3 Nummer 3);

4a. von der Vorschrift, an Parkuhren nur während des Laufens der Uhr, an Parkscheinautomaten nur mit einem Parkschein zu halten (§ 13 Absatz 1);

4b. von der Vorschrift, im Bereich eines Zonenhaltverbots (Zeichen 290.1 und 290.2) nur während der dort vorgeschriebenen Zeit zu parken (§ 13 Absatz 2);

4c. von den Vorschriften über das Abschleppen von Fahrzeugen (§ 15a);
5. von den Vorschriften über Höhe, Länge und Breite von Fahrzeug und Ladung (§ 18 Absatz 1 Satz 2, § 22 Absatz 2 bis 4);
5a. von dem Verbot der unzulässigen Mitnahme von Personen (§ 21);
5b. von den Vorschriften über das Anlegen von Sicherheitsgurten und das Tragen von Schutzhelmen (§ 21a);
6. vom Verbot, Tiere von Kraftfahrzeugen und andere Tiere als Hunde von Fahrrädern aus zu führen (§ 28 Absatz 1 Satz 3 und 4);
7. vom Sonn- und Feiertagsfahrverbot (§ 30 Absatz 3);
8. vom Verbot, Hindernisse auf die Straße zu bringen (§ 32 Absatz 1);
9. von den Verboten, Lautsprecher zu betreiben, Waren oder Leistungen auf der Straße anzubieten (§ 33 Absatz 1 Nummer 1 und 2);
10. vom Verbot der Werbung und Propaganda in Verbindung mit Verkehrszeichen (§ 33 Absatz 2 Satz 2) nur für die Flächen von Leuchtsäulen, an denen Haltestellenschilder öffentlicher Verkehrsmittel angebracht sind;
11. von den Verboten oder Beschränkungen, die durch Vorschriftzeichen (Anlage 2), Richtzeichen (Anlage 3), Verkehrseinrichtungen (Anlage 4) oder Anordnungen (§ 45 Absatz 4) erlassen sind;
12. von dem Nacht- und Sonntagsparkverbot (§ 12 Absatz 3a).

[2] Vom Verbot, Personen auf der Ladefläche oder in Laderäumen mitzunehmen (§ 21 Absatz 2), können für die Dienstbereiche der Bundeswehr, der auf Grund des Nordatlantik-Vertrages errichteten internationalen Hauptquartiere, der Bundespolizei und der Polizei deren Dienststellen, für den Katastrophenschutz die zuständigen Landesbehörden, Ausnahmen genehmigen. [3] Dasselbe gilt für die Vorschrift, dass vorgeschriebene Sicherheitsgurte angelegt sein oder Schutzhelme getragen werden müssen (§ 21a).

(1a) [1] Die Straßenverkehrsbehörden können zur Bevorrechtigung elektrisch betriebener Fahrzeuge allgemein durch Zusatzzeichen Ausnahmen von Verkehrsbeschränkungen, Verkehrsverboten oder Verkehrsumleitungen nach § 45 Absatz 1

Nummer 3, Absatz 1a und 1b Nummer 5 erste Alternative zulassen. [2]Das gleiche Recht haben sie für die Benutzung von Busspuren durch elektrisch betriebene Fahrzeuge. [3]Die Anforderungen des § 3 Absatz 1 des Elektromobilitätsgesetzes sind zu beachten.

(2) [1]Die zuständigen obersten Landesbehörden oder die nach Landesrecht bestimmten Stellen können von allen Vorschriften dieser Verordnung Ausnahmen für bestimmte Einzelfälle oder allgemein für bestimmte Antragsteller genehmigen. [2]Vom Sonn- und Feiertagsfahrverbot (§ 30 Absatz 3) können sie darüber hinaus für bestimmte Straßen oder Straßenstrecken Ausnahmen zulassen, soweit diese im Rahmen unterschiedlicher Feiertagsregelung in den Ländern (§ 30 Absatz 4) notwendig werden. [3]Erstrecken sich die Auswirkungen der Ausnahme über ein Land hinaus und ist eine einheitliche Entscheidung notwendig, ist das Bundesministerium für Verkehr und digitale Infrastruktur zuständig.

(3) [1]Ausnahmegenehmigung und Erlaubnis können unter dem Vorbehalt des Widerrufs erteilt werden und mit Nebenbestimmungen (Bedingungen, Befristungen, Auflagen) versehen werden. [2]Erforderlichenfalls kann die zuständige Behörde die Beibringung eines Sachverständigengutachtens auf Kosten des Antragstellers verlangen. [3]Die Bescheide sind mitzuführen und auf Verlangen zuständigen Personen auszuhändigen. [4]Bei Erlaubnissen nach § 29 Absatz 3 und Ausnahmegenehmigungen nach § 46 Absatz 1 Nummer 5 genügt das Mitführen fernkopierter Bescheide oder von Ausdrucken elektronisch erteilter und signierter Bescheide sowie deren digitalisierte Form auf einem Speichermedium, wenn diese derart mitgeführt wird, dass sie bei einer Kontrolle auf Verlangen zuständigen Personen lesbar gemacht werden kann.

(4) Ausnahmegenehmigungen und Erlaubnisse der zuständigen Behörde sind für den Geltungsbereich dieser Verordnung wirksam, sofern sie nicht einen anderen Geltungsbereich nennen.

§ 47. Örtliche Zuständigkeit. (1) [1]Die Erlaubnisse nach § 29 Absatz 2 und nach § 30 Absatz 2 erteilt für eine Veranstaltung, die im Ausland beginnt, die nach § 44 Absatz 3 sachlich zuständige Behörde, in deren Gebiet die Grenzübergangsstelle liegt. [2]Diese Behörde ist auch zuständig, wenn sonst erlaubnis- und genehmigungspflichtiger Verkehr im Ausland beginnt. [3]Die Erlaubnis nach § 29 Absatz 3 erteilt die Straßenverkehrsbehörde, in deren Bezirk der erlaubnispflichtige Verkehr beginnt, oder die Straßenverkehrsbehörde, in deren Bezirk der Antragsteller seinen Wohnort, seinen Sitz oder eine Zweigniederlassung hat.

(2) Zuständig sind für die Erteilung von Ausnahmegenehmigungen

1. nach § 46 Absatz 1 Nummer 2 für eine Ausnahme von § 18 Absatz 1 die Straßenverkehrsbehörde, in deren Bezirk auf die Autobahn oder Kraftfahrstraße eingefahren werden soll. Wird jedoch eine Erlaubnis nach § 29 Absatz 3 oder eine Ausnahmegenehmigung nach § 46 Absatz 1 Nummer 5 erteilt, ist die Verwaltungsbehörde zuständig, die diese Verfügung erlässt;
2. nach § 46 Absatz 1 Nummer 4a für kleinwüchsige Menschen sowie nach § 46 Absatz 1 Nummer 4a und 4b für Ohnhänder die Straßenverkehrsbehörde, in deren Bezirk der Antragsteller seinen Wohnort hat, auch für die Bereiche, die außerhalb ihres Bezirks liegen;
3. nach § 46 Absatz 1 Nummer 4c die Straßenverkehrsbehörde, in deren Bezirk der Antragsteller seinen Wohnort, seinen Sitz oder eine Zweigniederlassung hat;
4. nach § 46 Absatz 1 Nummer 5 die Straßenverkehrsbehörde, in deren Bezirk der zu genehmigende Verkehr beginnt oder die Straßenverkehrsbehörde, in deren Bezirk der Antragsteller seinen Wohnort, seinen Sitz oder eine Zweigniederlassung hat;
5. nach § 46 Absatz 1 Nummer 5b die Straßenverkehrsbehörde, in deren Bezirk der Antragsteller seinen Wohnort hat, auch für die Bereiche, die außerhalb ihres Bezirks liegen;
6. nach § 46 Absatz 1 Nummer 7 die Straßenverkehrsbehörde, in deren Bezirk die Ladung aufgenommen wird oder die Straßenverkehrsbehörde, in deren Bezirk der Antragsteller seinen Wohnort, seinen Sitz oder eine Zweigniederlassung hat. Diese sind auch für die Genehmigung der Leerfahrt zum Beladungsort zuständig, ferner dann, wenn in ihrem Land von der Ausnahmegenehmigung kein Gebrauch gemacht wird oder wenn dort kein Fahrverbot besteht;
7. nach § 46 Absatz 1 Nummer 11 die Straßenverkehrsbehörde, in deren Bezirk die Verbote, Beschränkungen und Anordnungen erlassen sind, für schwerbehinderte Menschen jedoch jede Straßenverkehrsbehörde auch für solche Maßnahmen, die außerhalb ihres Bezirks angeordnet sind;

8. in allen übrigen Fällen die Straßenverkehrsbehörde, in deren Bezirk von der Ausnahmegenehmigung Gebrauch gemacht werden soll.

(3) Die Erlaubnisse für die übermäßige Benutzung der Straße durch die Bundeswehr, die in § 35 Absatz 5 genannten Truppen, die Bundespolizei, die Polizei und den Katastrophenschutz erteilen die höhere Verwaltungsbehörde oder die nach Landesrecht bestimmte Stelle, in deren Bezirk der erlaubnispflichtige Verkehr beginnt.

§ 48. Verkehrsunterricht. Wer Verkehrsvorschriften nicht beachtet, ist auf Vorladung der Straßenverkehrsbehörde oder der von ihr beauftragten Beamten verpflichtet, an einem Unterricht über das Verhalten im Straßenverkehr teilzunehmen.

§ 49. Ordnungswidrigkeiten. (1) Ordnungswidrig im Sinne des § 24 des Straßenverkehrsgesetzes handelt, wer vorsätzlich oder fahrlässig gegen eine Vorschrift über

1. das allgemeine Verhalten im Straßenverkehr nach § 1 Absatz 2,
2. die Straßenbenutzung durch Fahrzeuge nach § 2 Absatz 1 bis 3a, Absatz 4 Satz 1, 4, 5 oder 6 oder Absatz 5,
3. die Geschwindigkeit nach § 3,
4. den Abstand nach § 4,
5. das Überholen nach § 5 Absatz 1 oder 2, Absatz 3 Nummer 1, Absatz 3a bis 4a, Absatz 5 Satz 2, Absatz 6 oder 7,
6. das Vorbeifahren nach § 6,
7. das Benutzen linker Fahrstreifen nach § 7 Absatz 3a Satz 1, auch in Verbindung mit Satz 2, Absatz 3b, Absatz 3c Satz 3 oder den Fahrstreifenwechsel nach § 7 Absatz 5,

7a. das Verhalten auf Ausfädelungsstreifen nach § 7a Absatz 3,

8. die Vorfahrt nach § 8,
9. das Abbiegen, Wenden oder Rückwärtsfahren nach § 9 Absatz 1, Absatz 2 Satz 2 oder 3, Absatz 3 bis 5,
10. das Einfahren oder Anfahren nach § 10 Satz 1 oder Satz 2,
11. das Verhalten bei besonderen Verkehrslagen nach § 11 Absatz 1 oder 2,
12. das Halten oder Parken nach § 12 Absatz 1, 3, 3a Satz 1, Absatz 3b Satz 1, Absatz 4 Satz 1, 2 zweiter Halbsatz, Satz 3 oder 5 oder Absatz 4a bis 6,

13. Parkuhren, Parkscheine oder Parkscheiben nach § 13 Absatz 1 oder 2,
14. die Sorgfaltspflichten beim Ein- oder Aussteigen nach § 14,
15. das Liegenbleiben von Fahrzeugen nach § 15,

15a. das Abschleppen nach § 15a,

16. die Abgabe von Warnzeichen nach § 16,
17. die Beleuchtung und das Stehenlassen unbeleuchteter Fahrzeuge nach § 17 Absatz 1 bis 4, Absatz 4a Satz 1, Absatz 5 oder 6,
18. die Benutzung von Autobahnen und Kraftfahrstraßen nach § 18 Absatz 1 bis 3, Absatz 5 Satz 2 oder Absatz 6 bis 11,
19. das Verhalten
    a) an Bahnübergängen nach § 19 Absatz 1 Satz 1 Nummer 2 oder 3, Satz 2, Satz 3 oder Absatz 2 Satz 1, auch in Verbindung mit Satz 2 oder Absatz 3 bis 6 oder
    b) an und vor Haltestellen von öffentlichen Verkehrsmitteln und Schulbussen nach § 20,
20. die Personenbeförderung nach § 21 Absatz 1 Satz 4, Absatz 1a Satz 1, auch in Verbindung mit Satz 2 Nummer 2, Absatz 2 Satz 1, 4 oder 6 oder Absatz 3 Satz 1 oder 2,

20a. das Anlegen von Sicherheitsgurten, Rollstuhl-Rückhaltesystemen oder Rollstuhlnutzer-Rückhaltesystemen nach § 21a Absatz 1 Satz 1 oder das Tragen von Schutzhelmen nach § 21a Absatz 2 Satz 1,

21. die Ladung nach § 22,
22. sonstige Pflichten des Fahrzeugführers nach § 23 Absatz 1, Absatz 1a Satz 1, auch in Verbindung mit den Sätzen 2 bis 4, Absatz 1c, Absatz 2 erster Halbsatz, Absatz 3 oder Absatz 4 Satz 1,
23. das Fahren mit Krankenfahrstühlen oder anderen als in § 24 Absatz 1 genannten Rollstühlen nach § 24 Absatz 2,
24. das Verhalten
    a) als zu Fuß Gehender nach § 25 Absatz 1 bis 4,
    b) an Fußgängerüberwegen nach § 26 oder
    c) auf Brücken nach § 27 Absatz 6,
25. den Umweltschutz nach § 30 Absatz 1 oder 2 oder das Sonn- und Feiertagsfahrverbot nach § 30 Absatz 3 Satz 1 oder 2 Nummer 7 Satz 2,

26. das Sporttreiben oder Spielen nach § 31 Absatz 1 Satz 1, Absatz 2 Satz 3,
27. das Bereiten, Beseitigen oder Kenntlichmachen von verkehrswidrigen Zuständen oder die wirksame Verkleidung gefährlicher Geräte nach § 32,
28. Verkehrsbeeinträchtigungen nach § 33 Absatz 1 oder 2 oder
29. das Verhalten nach einem Verkehrsunfall nach § 34 Absatz 1 Nummer 1, Nummer 2, Nummer 5 oder Nummer 6 Buchstabe b – sofern in diesem letzten Fall zwar eine nach den Umständen angemessene Frist gewartet, aber nicht Name und Anschrift am Unfallort hinterlassen wird – oder nach § 34 Absatz 3,

verstößt.

(2) Ordnungswidrig im Sinne des § 24 des Straßenverkehrsgesetzes handelt auch, wer vorsätzlich oder fahrlässig

1. als Führer eines geschlossenen Verbandes entgegen § 27 Absatz 5 nicht dafür sorgt, dass die für geschlossene Verbände geltenden Vorschriften befolgt werden,

1a. entgegen § 27 Absatz 2 einen geschlossenen Verband unterbricht,

2. als Führer einer Kinder- oder Jugendgruppe entgegen § 27 Absatz 1 Satz 4 diese nicht den Gehweg benutzen lässt,
3. als Tierhalter oder sonst für die Tiere Verantwortlicher einer Vorschrift nach § 28 Absatz 1 oder Absatz 2 Satz 2 zuwiderhandelt,
4. als Reiter, Führer von Pferden, Treiber oder Führer von Vieh entgegen § 28 Absatz 2 einer für den gesamten Fahrverkehr einheitlich bestehenden Verkehrsregel oder Anordnung zuwiderhandelt,
5. *(aufgehoben)*
6. entgegen § 29 Absatz 2 Satz 1 eine Veranstaltung durchführt oder als Veranstaltender entgegen § 29 Absatz 2 Satz 3 nicht dafür sorgt, dass die in Betracht kommenden Verkehrsvorschriften oder Auflagen befolgt werden, oder
7. entgegen § 29 Absatz 3 ein dort genanntes Fahrzeug oder einen Zug führt.

(3) Ordnungswidrig im Sinne des § 24 des Straßenverkehrsgesetzes handelt ferner, wer vorsätzlich oder fahrlässig

1. entgegen § 36 Absatz 1 bis 4 ein Zeichen oder eine Weisung oder entgegen Absatz 5 Satz 4 ein Haltgebot oder eine Anweisung eines Polizeibeamten nicht befolgt,
2. einer Vorschrift des § 37 über das Verhalten an Wechsellichtzeichen, Dauerlichtzeichen oder beim Rechtsabbiegen mit Grünpfeil zuwiderhandelt,
3. entgegen § 38 Absatz 1, 2 oder 3 Satz 3 blaues Blinklicht zusammen mit dem Einsatzhorn oder allein oder gelbes Blinklicht verwendet oder entgegen § 38 Absatz 1 Satz 2 nicht sofort freie Bahn schafft,
4. entgegen § 41 Absatz 1 ein durch Vorschriftzeichen angeordnetes Ge- oder Verbot der Anlage 2 Spalte 3 nicht befolgt,
5. entgegen § 42 Absatz 2 ein durch Richtzeichen angeordnetes Ge- oder Verbot der Anlage 3 Spalte 3 nicht befolgt,
6. entgegen § 43 Absatz 3 Satz 2 eine abgesperrte Straßenfläche befährt oder
7. einer den Verkehr verbietenden oder beschränkenden Anordnung, die nach § 45 Absatz 4 zweiter Halbsatz bekannt gegeben worden ist, zuwiderhandelt.

(4) Ordnungswidrig im Sinne des § 24 des Straßenverkehrsgesetzes handelt schließlich, wer vorsätzlich oder fahrlässig

1. dem Verbot des § 35 Absatz 6 Satz 1, 2 oder 3 über die Reinigung von Gehwegen zuwiderhandelt,

1a. entgegen § 35 Absatz 6 Satz 4 keine auffällige Warnkleidung trägt,

2. entgegen § 35 Absatz 8 Sonderrechte ausübt, ohne die öffentliche Sicherheit und Ordnung gebührend zu berücksichtigen,
3. entgegen § 45 Absatz 6 mit Arbeiten beginnt, ohne zuvor Anordnungen eingeholt zu haben, diese Anordnungen nicht befolgt oder Lichtzeichenanlagen nicht bedient,
4. entgegen § 46 Absatz 3 Satz 1 eine vollziehbare Auflage der Ausnahmegenehmigung oder Erlaubnis nicht befolgt,
5. entgegen § 46 Absatz 3 Satz 3, auch in Verbindung mit Satz 4, die Bescheide, Ausdrucke oder deren digitalisierte Form nicht mitführt oder auf Verlangen nicht aushändigt oder sichtbar macht,
6. entgegen § 48 einer Vorladung zum Verkehrsunterricht nicht folgt oder

7. entgegen § 50 auf der Insel Helgoland ein Kraftfahrzeug führt oder mit einem Fahrrad fährt.

§ 50. Sonderregelung für die Insel Helgoland. Auf der Insel Helgoland sind der Verkehr mit Kraftfahrzeugen und das Radfahren verboten.

§ 51. Besondere Kostenregelung. Die Kosten der Zeichen 386.1, 386.2 und 386.3 trägt abweichend von § 5b Absatz 1 des Straßenverkehrsgesetzes derjenige, der die Aufstellung dieses Zeichens beantragt.

§ 52. Übergangs- und Anwendungsbestimmungen. (1) Mit Ablauf des 31. Dezember 2026 sind nicht mehr anzuwenden:

1. § 39 Absatz 10,
2. § 45 Absatz 1g,
3. § 46 Absatz 1a,
4. Anlage 2 Nummer 25 Spalte 3 Nummer 4 sowie Nummer 25.1, 27.1, 63.5 und 64.1,
5. Anlage 3 Nummer 7 Spalte 3 Nummer 3, Nummer 8 Spalte 3 Nummer 4, Nummer 10 Spalte 3 Nummer 3 und Nummer 11 Spalte 3.

(2) [1] Abweichend von § 2 Absatz 3a Satz 1 darf der Führer eines Kraftfahrzeuges dieses bis zum Ablauf des 30. September 2024 bei Glatteis, Schneeglätte, Schneematsch, Eisglätte oder Reifglätte auch fahren, wenn alle Räder mit Reifen ausgerüstet sind, die unbeschadet der allgemeinen Anforderungen an die Bereifung

1. die in Anhang II Nummer 2.2 der Richtlinie 92/23/EWG des Rates vom 31. März 1992 über Reifen von Kraftfahrzeugen und Kraftfahrzeuganhängern und über ihre Montage (ABl. L 129 vom 14.5.1992, S. 95), die zuletzt durch die Richtlinie 2005/11/EG (ABl. L 46 vom 17.2.2005, S. 42) geändert worden ist, beschriebenen Eigenschaften erfüllen (M+S Reifen) und
2. nicht nach dem 31. Dezember 2017 hergestellt worden sind.

[2] Im Falle des Satzes 1 Nummer 2 maßgeblich ist das am Reifen angegebene Herstellungsdatum.

(3) § 2 Absatz 3a Satz 3 Nummer 2 ist erstmals am ersten Tag des sechsten Monats, der auf den Monat folgt, in dem das Bundesministerium für Verkehr und digitale Infrastruktur dem Bundesrat einen Bericht über eine Felduntersuchung der Bundesanstalt für Straßenwesen über die Eignung der Anforderung des § 2 Absatz 3a Satz 3 Nummer 2 vorlegt, spätestens jedoch ab dem 1. Juli 2020, anzuwenden.

(4) § 23 Absatz 1a ist im Falle der Verwendung eines Funkgerätes erst ab dem 1. Juli 2020 anzuwenden.

§ 53. Inkrafttreten, Außerkrafttreten. (1) Diese Verordnung tritt am 1. April 2013 in Kraft.

(2) Die Straßenverkehrs-Ordnung vom 16. November 1970 (BGBl. I S. 1565; 1971 I S. 38), die zuletzt durch Artikel 1 der Verordnung vom 1. Dezember 2010 (BGBl. I S. 1737) geändert worden ist, tritt mit folgenden Maßgaben an dem in Absatz 1 bezeichneten Tag außer Kraft:

1. Verkehrszeichen in der Gestaltung nach der bis zum 1. Juli 1992 geltenden Fassung behalten weiterhin ihre Gültigkeit.
2. Für Kraftomnibusse, die vor dem 8. Dezember 2007 erstmals in den Verkehr gekommen sind, ist § 18 Absatz 5 Nummer 3 in der vor dem 8. Dezember 2007 geltenden Fassung weiter anzuwenden.
3. Zusatzzeichen zu Zeichen 220, durch die nach den bis zum 1. April 2013 geltenden Vorschriften der Fahrradverkehr in der Gegenrichtung zugelassen werden konnte, soweit in einer Einbahnstraße mit geringer Verkehrsbelastung die zulässige Höchstgeschwindigkeit durch Verkehrszeichen auf 30 km/h oder weniger beschränkt ist, bleiben bis zum 1. April 2017 gültig.
4. Die bis zum 1. April 2013 angeordneten Zeichen 150, 153, 353, 380, 381, 388 und 389 bleiben bis zum 31. Oktober 2022 gültig.
5. Bereits angeordnete Zeichen 311, die im oberen Teil weiß sind, wenn die Ortschaft, auf die hingewiesen wird, zu derselben Gemeinde wie die zuvor durchfahrene Ortschaft gehört, bleiben weiterhin gültig.

Der Bundesrat hat zugestimmt.

Anlage 1
(zu § 40 Absatz 6 und 7)

Allgemeine und Besondere Gefahrzeichen

Abschnitt 1. Allgemeine Gefahrzeichen (zu § 40 Absatz 6)

Lfd. Nr.	Zeichen	Erläuterungen
1	Zeichen 101  Gefahrstelle	Ein Zusatzzeichen kann die Gefahr näher bezeichnen.
2	Zeichen 102  Kreuzung oder Einmündung	Kreuzung oder Einmündung mit Vorfahrt von rechts
3	Zeichen 103  Kurve	
4	Zeichen 105  Doppelkurve	

Lfd. Nr.	Zeichen	Erläuterungen
5	Zeichen 108  Gefälle	
6	Zeichen 110  Steigung	
7	Zeichen 112  Unebene Fahrbahn	
8	Zeichen 114  Schleuder- oder Rutschgefahr	Schleuder- oder Rutschgefahr bei Nässe oder Schmutz
9	Zeichen 117  Seitenwind	

Lfd. Nr.	**Zeichen**	**Erläuterungen**
10	Zeichen 120  Verengte Fahrbahn	
11	Zeichen 121  Einseitig verengte Fahrbahn	
12	Zeichen 123  Arbeitsstelle	
13	Zeichen 124  Stau	
14	Zeichen 125  Gegenverkehr	

Lfd. Nr.	Zeichen	Erläuterungen
15	Zeichen 131  Lichtzeichenanlage	
16	Zeichen 133  Fußgänger	
17	Zeichen 136  Kinder	
18	Zeichen 138  Radverkehr	
19	Zeichen 142  Wildwechsel	

Abschnitt 2. Besondere Gefahrzeichen vor Übergängen von Schienenbahnen mit Vorrang (zu § 40 Absatz 7)

Lfd. Nr.	Zeichen	Erläuterungen
20	Zeichen 151  Bahnübergang	
21	Zeichen 156  Bahnübergang mit dreistreifiger Bake	Bahnübergang mit dreistreifiger Bake etwa 240 m vor dem Bahnübergang. Die Angabe erheblich abweichender Abstände kann an der dreistreifigen, zweistreifigen und einstreifigen Bake oberhalb der Schrägstreifen in schwarzen Ziffern erfolgen.
22	Zeichen 159  Zweistreifige Bake	Zweistreifige Bake etwa 160 m vor dem Bahnübergang
23	Zeichen 162  Einstreifige Bake	Einstreifige Bake etwa 80 m vor dem Bahnübergang

Anlage 2
(zu § 41 Absatz 1)

Vorschriftzeichen

Abschnitt 1. Wartegebote und Haltgebote

Lfd. Nr.	Zeichen und Zusatzzeichen	Ge- oder Verbote, Erläuterungen
1	Zeichen 201  Andreaskreuz	**Ge- oder Verbot** 1. Wer ein Fahrzeug führt, muss dem Schienenverkehr Vorrang gewähren. 2. Wer ein Fahrzeug führt, darf bis zu 10 m vor diesem Zeichen nicht halten, wenn es dadurch verdeckt wird. 3. Wer ein Fahrzeug führt, darf vor und hinter diesem Zeichen a) innerhalb geschlossener Ortschaften (Zeichen 310 und 311) bis zu je 5 m, b) außerhalb geschlossener Ortschaften bis zu je 50 m 4. Ein Zusatzzeichen mit schwarzem Pfeil zeigt an, dass das Andreaskreuz nur für den Straßenverkehr in Richtung dieses Pfeils gilt. **Erläuterung** Das Zeichen (auch liegend) befindet sich vor dem Bahnübergang, in der Regel unmittelbar davor. Ein Blitzpfeil in der Mitte des Andreaskreuzes zeigt an, dass die Bahnstrecke eine Spannung führende Fahrleitung hat.
2	Zeichen 205  Vorfahrt gewähren	**Ge- oder Verbot** 1. Wer ein Fahrzeug führt, muss Vorfahrt gewähren. 2. Wer ein Fahrzeug führt, darf bis zu 10 m vor diesem Zeichen nicht halten, wenn es dadurch verdeckt wird.

Lfd. Nr.	Zeichen und Zusatzzeichen	Ge- oder Verbote, Erläuterungen
		Erläuterung Das Zeichen steht unmittelbar vor der Kreuzung oder Einmündung. Es kann durch dasselbe Zeichen mit Zusatzzeichen, das die Entfernung angibt, angekündigt sein.
2,1		**Ge- oder Verbot** Ist das Zusatzzeichen zusammen mit dem Zeichen 205 angeordnet, bedeutet es: Wer ein Fahrzeug führt, muss Vorfahrt gewähren und dabei auf Radverkehr von links und rechts achten. **Erläuterung** Das Zusatzzeichen steht über dem Zeichen 205.
2.2		**Ge- oder Verbot** Ist das Zusatzzeichen zusammen mit dem Zeichen 205 angeordnet, bedeutet es: Wer ein Fahrzeug führt, muss der Straßenbahn Vorfahrt gewähren. **Erläuterung** Das Zusatzzeichen steht über dem Zeichen 205.
3	Zeichen 206  Halt. Vorfahrt gewähren	**Ge- oder Verbot** 1. Wer ein Fahrzeug führt, muss anhalten und Vorfahrt gewähren. 2. Wer ein Fahrzeug führt, darf bis zu 10 m vor diesem Zeichen nicht halten, wenn es dadurch verdeckt wird. 3. Ist keine Haltlinie (Zeichen 294) vorhanden, ist dort anzuhalten, wo die andere Straße zu übersehen ist.

Lfd. Nr.	Zeichen und Zusatzzeichen	Ge- oder Verbote, Erläuterungen
3.1		**Erläuterung** Das Zusatzzeichen kündigt zusammen mit dem Zeichen 205 das Haltgebot in der angegebenen Entfernung an.
3.2		**Ge- oder Verbot** Ist das Zusatzzeichen zusammen mit dem Zeichen 206 angeordnet, bedeutet es: Wer ein Fahrzeug führt, muss anhalten und Vorfahrt gewähren und dabei auf Radverkehr von links und rechts achten. **Erläuterung** Das Zusatzzeichen steht über dem Zeichen 206.
Zu 2 und 3		**Erläuterung** Das Zusatzzeichen gibt zusammen mit den Zeichen 205 oder 206 den Verlauf der Vorfahrtstraße (abknickende Vorfahrt) bekannt.
4	Zeichen 208  Vorrang des Gegenverkehrs	**Ge- oder Verbot** Wer ein Fahrzeug führt, hat dem Gegenverkehr Vorrang zu gewähren.

Abschnitt 2. Vorgeschriebene Fahrtrichtungen

Lfd. Nr.	Zeichen und Zusatzzeichen	Ge- oder Verbote, Erläuterungen
Zu 5 bis 7		**Ge- oder Verbot** Wer ein Fahrzeug führt, muss der vorgeschriebenen Fahrtrichtung folgen. **Erläuterung** Andere als die dargestellten Fahrtrichtungen werden entsprechend vorgeschrieben. Auf Anlage 2 laufende Nummer 70 wird hingewiesen.
5	Zeichen 209  Rechts	
6	Zeichen 211  Hier rechts	
7	Zeichen 214  Geradeaus oder rechts	

Lfd. Nr.	Zeichen und Zusatzzeichen	Ge- oder Verbote, Erläuterungen
8	Zeichen 215  Kreisverkehr	**Ge- oder Verbot** 1. Wer ein Fahrzeug führt, muss der vorgeschriebenen Fahrtrichtung im Kreisverkehr rechts folgen. 2. Wer ein Fahrzeug führt, darf die Mittelinsel des Kreisverkehrs nicht überfahren. Ausgenommen von diesem Verbot sind nur Fahrzeuge, denen wegen ihrer Abmessungen das Befahren sonst nicht möglich wäre. Mit ihnen darf die Mittelinsel und Fahrbahnbegrenzung überfahren werden, wenn eine Gefährdung anderer am Verkehr Teilnehmenden ausgeschlossen ist. 3. Es darf innerhalb des Kreisverkehrs auf der Fahrbahn nicht gehalten werden.
9	Zeichen 220  Einbahnstraße	**Ge- oder Verbot** Wer ein Fahrzeug führt, darf die Einbahnstraße nur in Richtung des Pfeils befahren. **Erläuterung** Das Zeichen schreibt für den Fahrzeugverkehr auf der Fahrbahn die Fahrtrichtung vor.
9.1		**Ge- oder Verbot** Ist Zeichen 220 mit diesem Zusatzzeichen angeordnet, bedeutet dies: Wer ein Fahrzeug führt, muss beim Einbiegen und im Verlauf einer Einbahnstraße auf Radverkehr entgegen der Fahrtrichtung achten. **Erläuterung** Das Zusatzzeichen zeigt an, dass Radverkehr in der Gegenrichtung zugelassen ist.

Lfd. Nr.	Zeichen und Zusatzzeichen	Ge- oder Verbote, Erläuterungen
		Beim Vorbeifahren an einer für den gegenläufigen Radverkehr freigegebenen Einbahnstraße bleibt gegenüber dem ausfahrenden Radfahrer der Grundsatz, dass Vorfahrt hat, wer von rechts kommt (§ 8 Absatz 1 Satz 1) unberührt. Dies gilt auch für den ausfahrenden Radverkehr. Mündet eine Einbahnstraße für den gegenläufig zugelassenen Radverkehr in eine Vorfahrtstraße, steht für den aus der Einbahnstraße ausfahrenden Radverkehr das Zeichen 205.

Abschnitt 3. Vorgeschriebene Vorbeifahrt

Lfd. Nr.	Zeichen und Zusatzzeichen	Ge- oder Verbote, Erläuterungen
10	Zeichen 222  Rechts vorbei	**Ge- oder Verbot** Wer ein Fahrzeug führt, muss der vorgeschriebenen Vorbeifahrt folgen. **Erläuterung** „Links vorbei“ wird entsprechend vorgeschrieben.

Abschnitt 4. Seitenstreifen als Fahrstreifen, Haltestellen und Taxenstände

Lfd. Nr.	Zeichen und Zusatzzeichen	Ge- oder Verbote, Erläuterungen
Zu 11 bis 13		**Erläuterung** Wird das Zeichen 223.1, 223.2 oder 223.3 für eine Fahrbahn mit mehr als zwei Fahrstreifen angeordnet, zeigen die Zeichen die entsprechende Anzahl der Pfeile.

Lfd. Nr.	Zeichen und Zusatzzeichen	Ge- oder Verbote, Erläuterungen
11	Zeichen 223.1  Seitenstreifen befahren	**Ge- oder Verbot** Das Zeichen gibt den Seitenstreifen als Fahrstreifen frei; dieser ist wie ein rechter Fahrstreifen zu befahren.
11.1	Ende in .... m	**Erläuterung** Das Zeichen 223.1 mit dem Zusatzzeichen kündigt die Aufhebung der Anordnung an.
12	Zeichen 223.2  Seitenstreifen nicht mehr befahren	**Ge- oder Verbot** Das Zeichen hebt die Freigabe des Seitenstreifens als Fahrstreifen auf.
13	Zeichen 223.3  Seitenstreifen räumen	**Ge- oder Verbot** Das Zeichen ordnet die Räumung des Seitenstreifens an.
14	Zeichen 224  Haltestelle	**Ge- oder Verbot** Wer ein Fahrzeug führt, darf bis zu 15 m vor und hinter dem Zeichen nicht parken.

Lfd. Nr.	Zeichen und Zusatzzeichen	Ge- oder Verbote, Erläuterungen
		Erläuterung Das Zeichen kennzeichnet eine Haltestelle des Linienverkehrs und für Schulbusse. Das Zeichen mit dem Zusatzzeichen „Schulbus“ (Angabe der tageszeitlichen Benutzung) auf einer gemeinsamen weißen Trägerfläche kennzeichnet eine Haltestelle nur für Schulbusse.
15	Zeichen 229  Taxenstand	**Ge- oder Verbot** Wer ein Fahrzeug führt, darf an Taxenständen nicht halten, ausgenommen sind für die Fahrgastbeförderung bereitgehaltene Taxen. **Erläuterung** Die Länge des Taxenstandes wird durch die Angabe der Zahl der vorgesehenen Taxen oder das am Anfang der Strecke aufgestellte Zeichen mit einem zur Fahrbahn weisenden waagerechten weißen Pfeil und durch ein am Ende aufgestelltes Zeichen mit einem solchen von der Fahrbahn wegweisenden Pfeil oder durch eine Grenzmarkierung für Halt- und Parkverbote (Zeichen 99) gekennzeichnet.

Abschnitt 5. Sonderwege

Lfd. Nr.	Zeichen und Zusatzzeichen	Ge- oder Verbote, Erläuterungen
16	Zeichen 237  Radweg	**Ge- oder Verbot** 1. Der Radverkehr darf nicht die Fahrbahn, sondern muss den Radweg benutzen (Radwegbenutzungspflicht). 2. Anderer Verkehr darf ihn nicht benutzen.

Lfd. Nr.	Zeichen und Zusatzzeichen	Ge- oder Verbote, Erläuterungen
		3. Ist durch Zusatzzeichen die Benutzung eines Radwegs für eine andere Verkehrsart erlaubt, muss diese auf den Radverkehr Rücksicht nehmen und der andere Fahrzeugverkehr muss erforderlichenfalls die Geschwindigkeit an den Radverkehr anpassen. 4. § 2 Absatz 4 Satz 6 bleibt unberührt.
17	Zeichen 238  Reitweg	**Ge- oder Verbot** 1. Wer reitet, darf nicht die Fahrbahn, sondern muss den Reitweg benutzen. Dies gilt auch für das Führen von Pferden (Reitwegbenutzungspflicht). 2. Anderer Verkehr darf ihn nicht benutzen. 3. st durch Zusatzzeichen die Benutzung eines Reitwegs für eine andere Verkehrsart erlaubt, muss diese auf den Reitverkehr Rücksicht nehmen und der Fahrzeugverkehr muss erforderlichenfalls die Geschwindigkeit an den Reitverkehr anpassen.
18	Zeichen 239  Gehweg	**Ge- oder Verbot** 1. Anderer als Fußgängerverkehr darf den Gehweg nicht nutzen. 2. Ist durch Zusatzzeichen die Benutzung eines Gehwegs für eine andere Verkehrsart erlaubt, muss diese auf den Fußgängerverkehr Rücksicht nehmen. Der Fußgängerverkehr darf weder gefährdet noch behindert werden. Wenn nötig, muss der Fahrverkehr warten; er darf nur mit Schrittgeschwindigkeit fahren.

Lfd. Nr.	Zeichen und Zusatzzeichen	Ge- oder Verbote, Erläuterungen
		Erläuterung Das Zeichen kennzeichnet einen Gehweg (§ 25 Absatz 1 Satz 1), wo eine Klarstellung notwendig ist.
19	Zeichen 240  Gemeinsamer Geh- und Radweg	**Ge- oder Verbot** 1. Der Radverkehr darf nicht die Fahrbahn, sondern muss den gemeinsamen Geh- und Radweg benutzen (Radwegbenutzungspflicht). 2. Anderer Verkehr darf ihn nicht benutzen. 3. Ist durch Zusatzzeichen die Benutzung eines gemeinsamen Geh- und Radwegs für eine andere Verkehrsart erlaubt, muss diese auf den Fußgänger- und Radverkehr Rücksicht nehmen. Erforderlichenfalls muss der Fahrverkehr die Geschwindigkeit an den Fußgängerverkehr anpassen. 4. § 2 Absatz 4 Satz 6 bleibt unberührt. **Erläuterung** Das Zeichen kennzeichnet auch den Gehweg (§ 25 Absatz 1 Satz 1).
20	Zeichen 241  Getrennter Rad- und Gehweg	**Ge- oder Verbot** 1. Der Radverkehr darf nicht die Fahrbahn, sondern muss den Radweg des getrennten Rad- und Gehwegs benutzen (Radwegbenutzungspflicht). 2. Anderer Verkehr darf ihn nicht benutzen.

Lfd. Nr.	Zeichen und Zusatzzeichen	Ge- oder Verbote, Erläuterungen
		3. Ist durch Zusatzzeichen die Benutzung eines getrennten Geh- und Radwegs für eine andere Verkehrsart erlaubt, darf diese nur den für den Radverkehr bestimmten Teil des getrennten Geh- und Radwegs befahren. 4. Die andere Verkehrsart muss auf den Radverkehr Rücksicht nehmen. Erforderlichenfalls muss anderer Fahrzeugverkehr die Geschwindigkeit an den Radverkehr anpassen. 5. § 2 Absatz 4 Satz 6 bleibt unberührt. **Erläuterung** Das Zeichen kennzeichnet auch den Gehweg (§ 25 Absatz 1 Satz 1).
21	Zeichen 242.1  Beginn einer Fußgängerzone	**Ge- oder Verbot** 1. Anderer als Fußgängerverkehr darf die Fußgängerzone nicht benutzen. 2. Ist durch Zusatzzeichen die Benutzung einer Fußgängerzone für eine andere Verkehrsart erlaubt, dann gilt für den Fahrverkehr Nummer 2 zu Zeichen 239 entsprechend.
22	Zeichen 242.2  Ende einer Fußgängerzone	

Lfd. Nr.	Zeichen und Zusatzzeichen	Ge- oder Verbote, Erläuterungen
23	Zeichen 244.1  Beginn einer Fahrradstraße	**Ge- oder Verbot** 1. Anderer Fahrzeugverkehr als Radverkehr darf Fahrradstraßen nicht benutzen, es sei denn, dies ist durch Zusatzzeichen erlaubt. 2. Für den Fahrverkehr gilt eine Höchstgeschwindigkeit von 30 km/h. Der Radverkehr darf weder gefährdet noch behindert werden. Wenn nötig, muss der Kraftfahrzeugverkehr die Geschwindigkeit weiter verringern. 3. Das Nebeneinanderfahren mit Fahrrädern ist erlaubt. 4. Im Übrigen gelten die Vorschriften über die Fahrbahnbenutzung und über die Vorfahrt.
24	Zeichen 244.2  Ende einer Fahrradstraße	
25	Zeichen 245  Bussonderfahrstreifen	**Ge- oder Verbot** 1. Anderer Fahrverkehr als Omnibusse des Linienverkehrs sowie nach dem Personenbeförderungsrecht mit dem Schulbus-Schild zu kennzeichnende Fahrzeuge des Schüler- und Behindertenverkehrs dürfen *[richtig: „darf"]* Bussonderfahrstreifen nicht benutzen.

Lfd. Nr.	Zeichen und Zusatzzeichen	Ge- oder Verbote, Erläuterungen
		2. Mit Krankenfahrzeugen, Taxen, Fahrrädern und Bussen im Gelegenheitsverkehr darf der Sonderfahrstreifen nur benutzt werden, wenn dies durch Zusatzzeichen angezeigt ist. 3. Taxen dürfen an Bushaltestellen [Zeichen 224] zum sofortigen Ein- und Aussteigen von Fahrgästen halten.

Abschnitt 6. Verkehrsverbote

Lfd. Nr.	Zeichen und Zusatzzeichen	Ge- oder Verbote, Erläuterungen
26		**Ge- oder Verbot** Die nachfolgenden Zeichen 250 bis 261 (Verkehrsverbote) untersagen die Verkehrsteilnahme ganz oder teilweise mit dem angegebenen Inhalt. **Erläuterung** Für die Zeichen 250 bis 259 gilt: 1. Durch Verkehrszeichen gleicher Art mit Sinnbildern nach § 39 Absatz 7 können andere Verkehrsarten verboten werden. 2. Zwei der nachstehenden Verbote können auf einem Schild vereinigt sein.
27	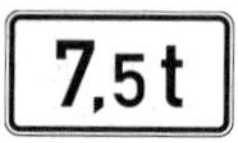	**Ge- oder Verbot** Ist auf einem Zusatzzeichen eine Masse, wie „7,5 t“, angegeben, gilt das Verbot nur, soweit die zulässige Gesamtmasse dieser Verkehrsmittel die angegebene Grenze überschreitet.

Lfd. Nr.	Zeichen und Zusatzzeichen	Ge- oder Verbote, Erläuterungen
28	Zeichen 250  Verbot für Fahrzeuge aller Art	**Ge- oder Verbot** 1. Verbot für Fahrzeuge aller Art. Das Zeichen gilt nicht für Handfahrzeuge, abweichend von § 28 Absatz 2 auch nicht für Reiter, Führer von Pferden sowie Treiber und Führer von Vieh. 2. Krafträder und Fahrräder dürfen geschoben werden.
29	Zeichen 251  Verbot für Kraftwagen	**Ge- oder Verbot** Verbot für Kraftwagen und sonstige mehrspurige Kraftfahrzeuge
30	Zeichen 253  Verbot für Kraftfahrzeuge über 3,5 t	**Ge- oder Verbot** Verbot für Kraftfahrzeuge mit einer zulässigen Gesamtmasse über 3,5 t, einschließlich ihrer Anhänger, und für Zugmaschinen. Ausgenommen sind Personenkraftwagen und Kraftomnibusse.
30.1		**Ge- oder Verbot** Wird Zeichen 253 mit diesen Zusatzzeichen angeordnet, bedeutet dies: 1. Das Verbot ist auf den Durchgangsverkehr mit Nutzfahrzeugen, einschließlich ihrer Anhänger, mit einer zulässigen Gesamtmasse ab 12 t beschränkt.

Lfd. Nr.	Zeichen und Zusatzzeichen	Ge- oder Verbote, Erläuterungen
		2. Durchgangsverkehr liegt nicht vor, soweit die jeweilige Fahrt a) dazu dient, ein Grundstück an der vom Verkehrsverbot betroffenen Straße oder an einer Straße, die durch die vom Verkehrsverbot betroffene Straße erschlossen wird, zu erreichen oder zu verlassen, b) dem Güterverkehr im Sinne des § 1 Absatz 1 des Güterkraftverkehrsgesetzes in einem Gebiet innerhalb eines Umkreise von 75 km, gerechnet in der Luftlinie vom Mittelpunkt des zu Beginn einer Fahrt ersten Beladeorts es jeweiligen Fahrzeugs (Ortsmittelpunkt), dient; dabei gehören alle Gemeinden, deren Ortsmittelpunkt innerhalb des Gebietes liegt, zu dem Gebiet, oder c) mit im Bundesfernstraßenmautgesetz bezeichneten Fahrzeugen, die nicht der Mautpflicht unterliegen, durchgeführt wird. 3. Ausgenommen von dem Verkehrsverbot ist eine Fahrt, die auf ausgewiesenen Umleitungsstrecken (Zeichen 421, 442, 454 bis 457.2 oder Zeichen 460 und 466) durchgeführt wird, um besonderen Verkehrslagen Rechnung zu tragen. **Erläuterung** Diese Kombination ist nur mit Zeichen 253 zulässig.

Lfd. Nr.	Zeichen und Zusatzzeichen	Ge- oder Verbote, Erläuterungen
31	Zeichen 254  Verbot für Radverkehr	**Ge- oder Verbot** Verbot für den Radverkehr
32	Zeichen 255  Verbot für Krafträder	**Ge- oder Verbot** Verbot für Krafträder, auch mit Beiwagen, Kleinkrafträder und Mofas
33	Zeichen 259  Verbot für Fußgänger	**Ge- oder Verbot** Verbot für den Fußgängerverkehr
34	Zeichen 260  Verbot für Kraftfahrzeuge	**Ge- oder Verbot** Verbot für Krafträder, auch mit Beiwagen, Kleinkrafträder und Mofas sowie für Kraftwagen und sonstige mehrspurige Kraftfahrzeuge

Lfd. Nr.	Zeichen und Zusatzzeichen	Ge- oder Verbote, Erläuterungen
35	Zeichen 261  Verbot für kenn-zeichnungspflichtige Kraftfahrzeuge mit gefährlichen Gütern	**Ge- oder Verbot** Verbot für kennzeichnungspflichtige Kraftfahrzeuge mit gefährlichen Gütern
Zu 36 bis 40		**Ge- oder Verbot** Die nachfolgenden Zeichen 262 bis 266 verbieten die Verkehrsteilnahme für Fahrzeuge, deren Maße oder Massen, einschließlich Ladung, eine auf dem jeweiligen Zeichen angegebene tatsächliche Grenze überschreiten. **Erläuterung** Die angegebenen Grenzen stellen nur Beispiele dar.
36	Zeichen 262  Tatsächliche Masse	**Ge- oder Verbot** Die Beschränkung durch Zeichen 262 gilt bei Fahrzeugkombinationen für das einzelne Fahrzeug, bei Sattelkraftfahrzeugen gesondert für die Sattelzugmaschine einschließlich Sattellast und für die tatsächlich vorhandenen Achslasten des Sattelanhängers.
37	Zeichen 263  Tatsächliche Achslast	

Lfd. Nr.	Zeichen und Zusatzzeichen	Ge- oder Verbote, Erläuterungen
38	Zeichen 264  Tatsächliche Breite	**Erläuterung** Die tatsächliche Breite gibt das Maß einschließlich der Fahrzeugaußenspiegel an.
39	Zeichen 265  Tatsächliche Höhe	
40	Zeichen 266  Tatsächliche Länge	**Ge- oder Verbot** Das Verbot gilt bei Fahrzeugkombinationen für die Gesamtlänge.
41	Zeichen 267  Verbot der Einfahrt	**Ge- oder Verbot** Wer ein Fahrzeug führt, darf nicht in die Fahrbahn einfahren, für die das Zeichen angeordnet ist. **Erläuterung** Das Zeichen steht auf der rechten Seite der Fahrbahn, für die es gilt, oder auf beiden Seiten dieser Fahrbahn.
41.1		**Ge- oder Verbot** Durch das Zusatzzeichen zu dem Zeichen 267 ist die Einfahrt für den Radverkehr zugelassen.

Lfd. Nr.	Zeichen und Zusatzzeichen	Ge- oder Verbote, Erläuterungen
42	Zeichen 268  Schneeketten vorgeschrieben	**Ge- oder Verbot** Wer ein Fahrzeug führt, darf die Straße nur mit Schneeketten befahren.
43	Zeichen 269  Verbot für Fahrzeuge mit wassergefährdender Ladung	**Ge- oder Verbot** Wer ein Fahrzeug führt, darf die Straße mit mehr als 20 l wassergefährdender Ladung nicht benutzen.
44	Zeichen 270.1  Beginn einer Verkehrsverbotszone zur Verminderung schädlicher Luftverunreinigungen in einer Zone	**Ge- oder Verbot** 1. Die Teilnahme am Verkehr mit einem Kraftfahrzeug innerhalb einer so gekennzeichneten Zone ist verboten. 2. § 1 Absatz 2 sowie § 2 Absatz 3 in Verbindung mit Anhang 3 der Verordnung zur Kennzeichnung der Kraftfahrzeuge mit geringem Beitrag zur Schadstoffbelastung vom 10. Oktober 2006 (BGBl. I S. 2218), die durch Artikel 1 der Verordnung vom 5. Dezember 2007 (BGBl. I S. 2793) geändert worden ist, bleiben unberührt. Die Ausnahmen können im Einzelfall oder allgemein durch Zusatzzeichen oder Allgemeinverfügung zugelassen sein.

Lfd. Nr.	Zeichen und Zusatzzeichen	Ge- oder Verbote, Erläuterungen
		3. Von dem Verbot der Verkehrsteilnahme sind zudem Kraftfahrzeuge zur Beförderung schwerbehinderter Menschen mit außergewöhnlicher Gehbehinderung, beidseitiger Amelie oder Phokomelie oder mit vergleichbaren Funktionseinschränkungen sowie blinde Menschen ausgenommen. **Erläuterung** Die Umweltzone ist zur Vermeidung von schädlichen Umwelteinwirkungen durch Luftverunreinigungen in einem Luftreinhalteplan oder einem Plan für kurzfristig zu ergreifende Maßnahmen nach § 47 Absatz 1 oder 2 des Bundes-Immissionsschutzgesetzes festgesetzt und auf Grund des § 40 Absatz 1 des Bundes-Immissionsschutzgesetzes angeordnet. Die Kennzeichnung der Umweltzone erfolgt auf Grund von § 45 Absatz 1 f.
45	Zeichen 270.2  Ende einer Verkehrsverbotszone zur Verminderung schädlicher Luftverunreinigungen in einer Zone	

Lfd. Nr.	Zeichen und Zusatzzeichen	Ge- oder Verbote, Erläuterungen
46	 Freistellung vom Verkehrsverbot nach § 40 Absatz 1 des Bundes-Immissions-schutzgesetzes	**Ge- oder Verbot** Das Zusatzzeichen zum Zeichen 270.1 nimmt Kraftfahrzeuge vom Verkehrsverbot aus, die mit einer auf dem Zusatzzeichen in der jeweiligen Farbe angezeigten Plakette nach § 3 der Verordnung zur Kennzeichnung der Kraftfahrzeuge mit geringem Beitrag zur Schadstoffbelastung ausgestattet sind.
47	Zeichen 272  Verbot des Wendens	**Ge- oder Verbot** Wer ein Fahrzeug führt, darf hier nicht wenden.
48	Zeichen 273  Verbot des Unterschreitens des angegebenen Mindestabstandes	**Ge- oder Verbot** Wer ein Kraftfahrzeug mit einer zulässigen Gesamtmasse über 3,5 t oder eine Zugmaschine führt, darf den angegebenen Mindestabstand zu einem vorausfahrenden Kraftfahrzeug gleicher Art nicht unterschreiten Personenkraftwagen und Kraftomnibusse sind ausgenommen.

Abschnitt 7. Geschwindigkeitsbeschränkungen und Überholverbote

Lfd. Nr.	Zeichen und Zusatzzeichen	Ge- oder Verbote, Erläuterungen
49	Zeichen 274  Zulässige Höchstgeschwindigkeit	**Ge- oder Verbot** 1. Wer ein Fahrzeug führt, darf nicht schneller als mit der jeweils angegebenen Höchstgeschwindigkeit fahren. 2. Sind durch das Zeichen innerhalb geschlossener Ortschaften bestimmte Geschwindigkeiten über 50 km/h zugelassen, gilt das für Fahrzeuge aller Art. 3. Außerhalb geschlossener Ortschaften bleiben die für bestimmte Fahrzeugarten geltenden Höchstgeschwindigkeiten (§ 3 Absatz 3 Nummer 2 Buchstabe a und b und § 18 Absatz 5) unberührt, wenn durch das Zeichen eine höhere Geschwindigkeit zugelassen ist.
49.1		**Ge- oder Verbot** Das Zusatzzeichen zu dem Zeichen 274 verbietet Fahrzeugführenden, bei nasser Fahrbahn die angegebene Geschwindigkeit zu überschreiten.
50	Zeichen 274.1  Beginn einer Tempo 30-Zone	**Ge- oder Verbot** Wer ein Fahrzeug führt, darf innerhalb dieser Zone nicht schneller als mit der angegebenen Höchstgeschwindigkeit fahren. **Erläuterung** Mit dem Zeichen können in verkehrsberuhigten Geschäftsbereichen auch Zonengeschwindigkeitsbeschränkungen von weniger als 30 km/h angeordnet sein.

Lfd. Nr.	Zeichen und Zusatzzeichen	Ge- oder Verbote, Erläuterungen
51	Zeichen 274.2  Ende einer Tempo 30-Zone	
52	Zeichen 275  Vorgeschriebene Mindestgeschwindigkeit	**Ge- oder Verbot** Wer ein Fahrzeug führt, darf nicht langsamer als mit der angegebenen Mindestgeschwindigkeit fahren, sofern nicht Straßen-, Verkehrs-, Sicht- oder Wetterverhältnisse dazu verpflichten. Es verbietet, mit Fahrzeugen, die nicht so schnell fahren können oder dürfen, einen so gekennzeichneten Fahrstreifen zu benutzen.
Zu 53 und 54		**Ge- oder Verbot** Die nachfolgenden Zeichen 276 und 277 verbieten Kraftfahrzeugen das Überholen von mehrspurigen Kraftfahrzeugen und Krafträdern mit Beiwagen. Ist auf einem Zusatzzeichen eine Masse, wie „7,5 t“ angegeben, gilt das Verbot nur, soweit die zulässige Gesamtmasse dieser Kraftfahrzeuge, einschließlich ihrer Anhänger, die angegebene Grenze überschreitet.
53	Zeichen 276  Überholverbot für Kraftfahrzeuge aller Art	

Lfd. Nr.	Zeichen und Zusatzzeichen	Ge- oder Verbote, Erläuterungen
54	Zeichen 277  Überholverbot für Kraftfahrzeuge über 3,5 t	**Ge- oder Verbot** Überholverbot für Kraftfahrzeuge mit einer zulässigen Gesamtmasse über 3,5 t, einschließlich ihrer Anhänger, und für Zugmaschinen. Ausgenommen sind Personenkraftwagen und Kraftomnibusse.
54.1		**Ge- oder Verbot** Mit dem Zusatzzeichen gilt das durch Zeichen 277 angeordnete Überholverbot auch für Kraftfahrzeuge über 2,8 t, einschließlich ihrer Anhänger.
54.2		**Ge- oder Verbot** Mit dem Zusatzzeichen gilt das durch Zeichen 277 angeordnete Überholverbot auch für Kraftomnibusse und Personenkraftwagen mit Anhänger.
54.3		**Erläuterung** Das Zusatzzeichen zu dem Zeichen 274, 276 oder 277 gibt die Länge einer Geschwindigkeitsbeschränkung oder eines Überholverbots an.
55		**Erläuterung** Das Ende einer streckenbezogenen Geschwindigkeitsbeschränkung oder eines Überholverbots ist nicht gekennzeichnet, wenn das Verbot nur für eine kurze Strecke gilt und auf einem Zusatzzeichen die Länge des Verbots angegeben ist. Es ist auch nicht gekennzeichnet, wenn das Verbotszeichen zusammen mit einem Gefahrzeichen angebracht ist und sich aus der Örtlichkeit zweifelsfrei ergibt, von wo an die angezeigte Gefahr nicht mehr besteht. Sonst ist es gekennzeichnet durch die Zeichen 278 bis 282.

Lfd. Nr.	Zeichen und Zusatzzeichen	Ge- oder Verbote, Erläuterungen
56	Zeichen 278  Ende der zulässigen Höchst-geschwindigkeit	
57	Zeichen 279  Ende der vorge-schriebenen Mindest-geschwindigkeit	
58	Zeichen 280  Ende des Überhol-verbots für Kraft-fahrzeuge aller Art	
59	Zeichen 281  Ende des Überhol-verbots für Kraft-fahrzeuge über 3,5 t	

Lfd. Nr.	Zeichen und Zusatzzeichen	Ge- oder Verbote, Erläuterungen
60	Zeichen 282  Ende sämtlicher streckenbezogener Geschwindigkeitsbeschränkungen und Überholverbote	

Abschnitt 8. Halt- und Parkverbote

Lfd. Nr.	Zeichen und Zusatzzeichen	Ge- oder Verbote, Erläuterungen
61		**Ge- oder Verbot** 1. Die durch die nachfolgenden Zeichen 283 und 286 angeordneten Haltverbote gelten nur auf der Straßenseite, auf der die Zeichen angebracht sind. Sie gelten bis zur nächsten Kreuzung oder Einmündung auf der gleichen Straßenseite oder bis durch Verkehrszeichen für den ruhenden Verkehr eine andere Regelung vorgegeben wird. 2. Mobile, vorübergehend angeordnete Haltverbote durch Zeichen 283 und 286 heben Verkehrszeichen auf, die das Parken erlauben. **Erläuterung** Der Anfang der Verbotsstrecke kann durch einen zur Fahrbahn weisenden waagerechten weißen Pfeil im Zeichen, das Ende durch einen solchen von der Fahrbahn wegweisenden Pfeil gekennzeichnet sein.

Lfd. Nr.	Zeichen und Zusatzzeichen	Ge- oder Verbote, Erläuterungen
		Bei in der Verbotsstrecke wiederholten Zeichen weist eine Pfeilspitze zur Fahrbahn, die zweite Pfeilspitze von ihr weg.
62	Zeichen 283  Absolutes Haltverbot	**Ge- oder Verbot** Das Halten auf der Fahrbahn ist verboten.
62.1	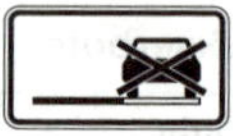	**Ge- oder Verbot** Das mit dem Zeichen 283 angeordnete Zusatzzeichen verbietet das Halten von Fahrzeugen auch auf dem Seitenstreifen.
62.2		**Ge- oder Verbot** Das mit dem Zeichen 283 angeordnete Zusatzzeichen verbietet das Halten von Fahrzeugen nur auf dem Seitenstreifen.
63	Zeichen 286  Eingeschränktes Haltverbot	**Ge- oder Verbot** 1. Wer ein Fahrzeug führt, darf nicht länger als drei Minuten auf der Fahrbahn halten, ausgenommen zum Ein- oder Aussteigen oder zum Be- oder Entladen. 2. Ladegeschäfte müssen ohne Verzögerung durchgeführt werden.
63.1		**Ge- oder Verbot** Mit dem Zusatzzeichen zu Zeichen 286 darf auch auf dem Seitenstreifen nicht länger als drei Minuten gehalten werden, ausgenommen zum Ein- oder Aussteigen oder zum Be- oder Entladen.

Lfd. Nr.	Zeichen und Zusatzzeichen	Ge- oder Verbote, Erläuterungen
63.2		**Ge- oder Verbot** Mit dem Zusatzzeichen zu Zeichen 286 darf nur auf dem Seitenstreifen nicht länger als drei Minuten gehalten werden, ausgenommen zum Ein- oder Aussteigen oder zum Be- oder Entladen.
63.3		**Ge- oder Verbot** 1. Das Zusatzzeichen zu Zeichen 286 nimmt schwerbehinderte Menschen mit außergewöhnlicher Gehbehinderung, beidseitiger Amelie oder Phokomelie oder mit vergleichbaren Funktionseinschränkungen sowie blinde Menschen, jeweils mit besonderem Parkausweis Nummer …, vom Haltverbot aus. 2. Die Ausnahme gilt nur, soweit der Parkausweis gut lesbar ausgelegt oder angebracht ist.
63.4		**Ge- oder Verbot** 1. Das Zusatzzeichen zu Zeichen 286 nimmt Bewohner mit besonderem Parkausweis vom Haltverbot aus. 2. Die Ausnahme gilt nur, soweit der Parkausweis gut lesbar ausgelegt oder angebracht ist.
64	Zeichen 290.1  Beginn eines eingeschränkten Haltverbots für eine Zone	**Ge- oder Verbot** 1. Wer ein Fahrzeug führt, darf innerhalb der gekennzeichneten Zone nicht länger als drei Minuten halten, ausgenommen zum Ein- oder Aussteigen oder zum Be- oder Entladen.

Lfd. Nr.	Zeichen und Zusatzzeichen	Ge- oder Verbote, Erläuterungen
		2. Innerhalb der gekennzeichneten Zone gilt das eingeschränkte Haltverbot auf allen öffentlichen Verkehrsflächen, sofern nicht abweichende Regelungen durch Verkehrszeichen oder Verkehrseinrichtungen getroffen sind. 3. Durch Zusatzzeichen kann das Parken für Bewohner mit Parkausweis oder mit Parkschein oder Parkscheibe (Bild 318) innerhalb gekennzeichneter Flächen erlaubt sein. 4. Durch Zusatzzeichen kann das Parken mit Parkschein oder Parkscheibe (Bild 318) innerhalb gekennzeichneter Flächen erlaubt sein. Dabei ist der Parkausweis, der Parkschein oder die Parkscheibe gut lesbar auszulegen oder anzubringen.
65	Zeichen 290.2  Ende eines eingeschränkten Haltverbots für eine Zone	

Abschnitt 9. Markierungen

Lfd. Nr.	Zeichen und Zusatzzeichen	Ge- oder Verbote, Erläuterungen
66	Zeichen 293  Fußgängerüberweg	**Ge- oder Verbot** Wer ein Fahrzeug führt, darf auf Fußgängerüberwegen sowie bis zu 5 m davor nicht halten.
67	Zeichen 294 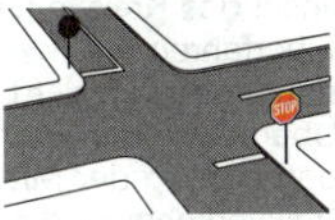 Haltlinie	**Ge- oder Verbot** Ergänzend zu Halt- oder Wartegeboten, die durch Zeichen 206, durch Polizeibeamte, Lichtzeichen oder Schranken gegeben werden, ordnet sie an: Wer ein Fahrzeug führt, muss hier anhalten. Erforderlichenfalls ist an der Stelle, wo die Straße eingesehen werden kann, in die eingefahren werden soll (Sichtlinie), erneut anzuhalten.
68	Zeichen 295  Fahrstreifenbegrenzung und Fahrbahnbegrenzung	**Ge- oder Verbot** 1. a) Wer ein Fahrzeug führt, darf die durchgehende Linie auch nicht teilweise überfahren. b) Trennt die durchgehende Linie den Fahrbahnteil für den Gegenverkehr ab, ist rechts von ihr zu fahren. c) Grenzt sie einen befestigten Seitenstreifen ab, müssen außerorts landwirtschaftliche Zug- und Arbeitsmaschinen, Fuhrwerke und ähnlich langsame Fahrzeuge möglichst rechts von ihr fahren. d) Wer ein Fahrzeug führt, darf auf der Fahrbahn nicht parken, wenn zwischen dem abgestellten Fahrzeug und der Fahrstreifenbegrenzungslinie kein Fahrstreifen von mindestens 3 m mehr verbleibt.

Lfd. Nr.	Zeichen und Zusatzzeichen	Ge- oder Verbote, Erläuterungen
		2. a) Wer ein Fahrzeug führt, darf links von der durchgehenden Fahrbahnbegrenzungslinie nicht halten, wenn rechts ein Seitenstreifen oder Sonderweg vorhanden ist. b) Wer ein Fahrzeug führt, darf die Fahrbahnbegrenzung der Mittelinsel des Kreisverkehrs nicht überfahren. c) Ausgenommen von dem Verbot zum Überfahren der Fahrbahnbegrenzung der Mittelinsel des Kreisverkehrs sind nur Fahrzeuge, denen wegen ihrer Abmessungen das Befahren sonst nicht möglich wäre. Mit ihnen darf die Mittelinsel überfahren werden, wenn eine Gefährdung anderer am Verkehr Teilnehmenden ausgeschlossen ist. 3. a) Wird durch Zeichen 223.1 das Befahren eines Seitenstreifens angeordnet, darf die Fahrbahnbegrenzung wie eine Leitlinie zur Markierung von Fahrstreifen einer durchgehenden Fahrbahn (Zeichen 340) überfahren werden. b) Grenzt sie einen Sonderweg ab, darf sie nur überfahren werden, wenn dahinter anders nicht erreichbare Parkstände angelegt sind und das Benutzen von Sonderwegen weder gefährdet noch behindert wird. c) Die Fahrbahnbegrenzungslinie darf überfahren werden, wenn sich dahinter eine nicht anders erreichbare Grundstückszufahrt befindet.

Lfd. Nr.	Zeichen und Zusatzzeichen	Ge- oder Verbote, Erläuterungen
		Erläuterung 1. Als Fahrstreifenbegrenzung trennt das Zeichen den für den Gegenverkehr bestimmten Teil der Fahrbahn oder mehrere Fahrstreifen für den gleichgerichteten Verkehr voneinander ab. Die Fahrstreifenbegrenzung kann zur Abtrennung des Gegenverkehrs aus einer Doppellinie bestehen. 2. Als Fahrbahnbegrenzung kann die durchgehende Linie auch einen Seitenstreifen oder Sonderweg abgrenzen.
69	Zeichen 296  Fahrstreifen B Fahrstreifen A Einseitige Fahrstreifenbegrenzung	**Ge- oder Verbot** 1. Wer ein Fahrzeug führt, darf die durchgehende Linie nicht überfahren oder auf ihr fahren. 2. Wer ein Fahrzeug führt, darf nicht auf der Fahrbahn parken, wenn zwischen dem parkenden Fahrzeug und der durchgehenden Fahrstreifenbegrenzungslinie kein Fahrstreifen von mindestens 3 m mehr verbleibt. 3. Für Fahrzeuge auf dem Fahrstreifen B ordnet die Markierung an: Fahrzeuge auf dem Fahrstreifen B dürfen die Markierung überfahren, wenn der Verkehr dadurch nicht gefährdet wird.

Lfd. Nr.	Zeichen und Zusatzzeichen	Ge- oder Verbote, Erläuterungen
70	Zeichen 297  Pfeilmarkierungen	**Ge- oder Verbot** 1. Wer ein Fahrzeug führt, muss der Fahrtrichtung auf der folgenden Kreuzung oder Einmündung folgen, wenn zwischen den Pfeilen Leitlinien (Zeichen 340) oder Fahrstreifenbegrenzungen (Zeichen 295) markiert sind. 2. Wer ein Fahrzeug führt, darf auf der mit Pfeilen markierten Strecke der Fahrbahn nicht halten (§ 12 Absatz 1). **Erläuterung** Pfeile empfehlen, sich rechtzeitig einzuordnen und in Fahrstreifen nebeneinander zu fahren. Fahrzeuge, die sich eingeordnet haben, dürfen auch rechts überholt werden.
71	Zeichen 297.1 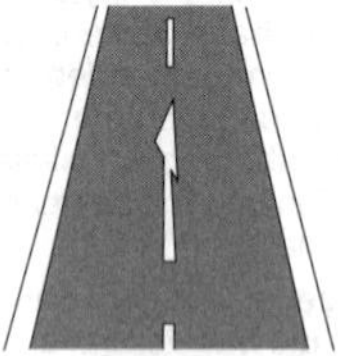 Vorankündigungspfeil	**Erläuterung** Mit dem Vorankündigungspfeil wird eine Fahrstreifenbegrenzung angekündigt oder das Ende eines Fahrstreifens angezeigt. Die Ausführung des Pfeils kann von der gezeigten abweichen.
72	Zeichen 298 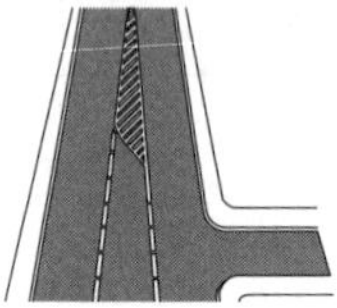 Sperrfläche	**Ge- oder Verbot** Wer ein Fahrzeug führt, darf Sperrflächen nicht benutzen.

Lfd. Nr.	Zeichen und Zusatzzeichen	Ge- oder Verbote, Erläuterungen
73	Zeichen 299 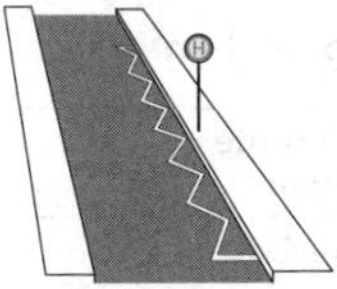 Grenzmarkierung für Halt- oder Parkverbote	**Ge- oder Verbot** Wer ein Fahrzeug führt, darf innerhalb einer Grenzmarkierung für Halt- oder Parkverbote nicht halten oder parken. **Erläuterung** Grenzmarkierungen bezeichnen, verlängern oder verkürzen ein an anderer Stelle vorgeschriebenes Halt- oder Parkverbot.
74	Parkflächen-markierung	**Ge- oder Verbot** Eine Parkflächenmarkierung erlaubt das Parken; auf Gehwegen aber nur Fahrzeugen mit einer zulässigen Gesamtmasse bis zu 2,8 t. Die durch die Parkflächenmarkierung angeordnete Aufstellung ist einzuhalten. Wo sie mit durchgehenden Linien markiert ist, darf diese überfahren werden. **Erläuterung** Sind Parkflächen auf Straßen erkennbar abgegrenzt, wird damit angeordnet, wie Fahrzeuge aufzustellen sind.

Anlage 3
(zu § 42 Absatz 2)

Richtzeichen

Abschnitt 1. Vorrangzeichen

Lfd. Nr.	Zeichen und Zusatzzeichen	Ge- oder Verbote Erläuterungen
1	Zeichen 301  Vorfahrt	**Ge- oder Verbot** Das Zeichen zeigt an, dass an der nächsten Kreuzung oder Einmündung Vorfahrt besteht.
2	Zeichen 306  Vorfahrtstraße	**Ge- oder Verbot** Wer ein Fahrzeug führt, darf außerhalb geschlossener Ortschaften auf Fahrbahnen von Vorfahrtstraßen nicht parken. Das Zeichen zeigt an, dass Vorfahrt besteht bis zum nächsten Zeichen 205 „Vorfahrt gewähren“, 206 „Halt. Vorfahrt gewähren“ oder 307 „Ende der Vorfahrtstraße“.
2.1		**Ge- oder Verbot** 1. Wer ein Fahrzeug führt und dem Verlauf der abknickenden Vorfahrtstraße folgen will, muss dies rechtzeitig und deutlich ankündigen; dabei sind die Fahrtrichtungsanzeiger zu benutzen. 2. Auf den Fußgängerverkehr ist besondere Rücksicht zu nehmen. Wenn nötig, muss gewartet werden. **Erläuterung** Das Zusatzzeichen zum Zeichen 306 zeigt den Verlauf der Vorfahrtstraße an.

Lfd. Nr.	**Zeichen und Zusatzzeichen**	**Ge- oder Verbote Erläuterungen**
3	Zeichen 307  Ende der Vorfahrtstraße	
4	Zeichen 308  Vorrang vor dem Gegenverkehr	**Ge- oder Verbot** Wer ein Fahrzeug führt, hat Vorrang vor dem Gegenverkehr.

Abschnitt 2. Ortstafel

Lfd. Nr.	**Zeichen und Zusatzzeichen**	**Ge- oder Verbote, Erläuterungen**
Zu 5 und 6		**Erläuterung** Ab der Ortstafel gelten jeweils , die für den Verkehr innerhalb oder außerhalb geschlossener Ortschaften bestehenden Vorschriften.
5	Zeichen 310  Ortstafel Vorderseite	Die Ortstafel bestimmt: Hier beginnt eine geschlossene Ortschaft.

Lfd. Nr.	Zeichen und Zusatzzeichen	Ge- oder Verbote, Erläuterungen
6	Zeichen 311  Ortstafel Rückseite	Die Ortstafel bestimmt: Hier endet eine geschlossene Ortschaft.

Abschnitt 3. Parken

Lfd. Nr.	Zeichen und Zusatzzeichen	Ge- oder Verbote, Erläuterungen
7	Zeichen 314  Parken	**Ge- oder Verbot** 1. Wer ein Fahrzeug führt, darf hier parken. 2. a) Durch ein Zusatzzeichen kann die Parkerlaubnis insbesondere nach der Dauer, nach Fahrzeugarten, zugunsten der mit besonderem Parkausweis versehenen Bewohner oder auf das Parken mit Parkschein oder Parkscheibe beschränkt sein. b) Ein Zusatzzeichen mit Bild 318 (Parkscheibe) und Angabe der Stundenzahl schreibt das Parken mit Parkscheibe und dessen zulässige Höchstdauer vor. c) Durch Zusatzzeichen können Bewohner mit Parkausweis von der Verpflichtung zum Parken mit Parkschein oder Parkscheibe freigestellt sein. d) Durch ein Zusatzzeichen mit Rollstuhlfahrersinnbild kann die Parkerlaubnis beschränkt sein auf schwerbehinderte Menschen mit außergewöhnlicher Gehbehinderung, beidseitiger Amelie oder Phokomelie oder mit

Lfd. Nr.	Zeichen und Zusatzzeichen	Ge- oder Verbote, Erläuterungen
		vergleichbaren Funktionseinschränkungen sowie auf blinde Menschen. e) Die Parkerlaubnis gilt nur, wenn der Parkschein, die Parkscheibe oder der Parkausweis gut lesbar ausgelegt oder angebracht ist. f) Durch Zusatzzeichen kann ein Parkplatz als gebührenpflichtig ausgewiesen sein. **Erläuterung** 1. Der Anfang des erlaubten Parkens kann durch einen zur Fahrbahn weisenden waagerechten weißen Pfeil im Zeichen, das Ende durch einen solchen von der Fahrbahn wegweisenden Pfeil gekennzeichnet sein. Bei in der Strecke wiederholten Zeichen weist eine Pfeilspitze zur Fahrbahn, die zweite Pfeilspitze von ihr weg. 2. Das Zeichen mit einem Zusatzzeichen mit schwarzem Pfeil weist auf die Zufahrt zu größeren Parkplätzen oder Parkhäusern hin. Das Zeichen kann auch durch Hinweise ergänzt werden, ob es sich um ein Parkhaus handelt.
8	Zeichen 314.1  Beginn einer Parkraumbewirtschaftungszone	**Ge- oder Verbot** 1. Wer ein Fahrzeug führt, darf innerhalb der Parkraumbewirtschaftungszone nur mit Parkschein oder mit Parkscheibe (Bild 318) parken, soweit das Halten und Parken nicht gesetzlich oder durch Verkehrszeichen verboten ist.

Lfd. Nr.	Zeichen und Zusatzzeichen	Ge- oder Verbote, Erläuterungen
		2. Durch Zusatzzeichen können Bewohner mit Parkausweis von der Verpflichtung zum Parken mit Parkschein oder Parkscheibe freigestellt sein. 3. Die Parkerlaubnis gilt nur, wenn der Parkschein, die Parkscheibe oder der Parkausweis gut lesbar ausgelegt oder angebracht ist. **Erläuterung** Die Art der Parkbeschränkung wird durch Zusatzzeichen angezeigt.
9	Zeichen 314.1  Ende einer Parkraumbewirtschaftungszone	
10	Zeichen 315  Parken auf Gehwegen	**Ge- oder Verbot** 1. Wer ein Fahrzeug führt, darf auf Gehwegen mit Fahrzeugen mit einer zulässigen Gesamtmasse über 2,8 t nicht parken. Dann darf auch nicht entgegen der angeordneten Aufstellungsart des Zeichens oder entgegen Beschränkungen durch Zusatzzeichen geparkt werden. 2. a) Durch ein Zusatzzeichen kann die Parkerlaubnis insbesondere nach der Dauer, nach Fahrzeugarten, zugunsten der mit besonderem Parkausweis versehenen Bewohner oder auf das Parken mit Parkschein oder Parkscheibe beschränkt sein.

Lfd. Nr.	Zeichen und Zusatzzeichen	Ge- oder Verbote, Erläuterungen
		b) Ein Zusatzzeichen mit Bild 318 (Parkscheibe) und Angabe der Stundenzahl schreibt das Parken mit Parkscheibe und dessen zulässige Höchstdauer vor. c) Durch Zusatzzeichen können Bewohner mit Parkausweis von der Verpflichtung zum Parken mit Parkschein oder Parkscheibe freigestellt sein. d) Durch ein Zusatzzeichen mit Rollstuhlfahrersinnbild kann die Parkerlaubnis beschränkt sein für schwerbehinderte Menschen mit außergewöhnlicher Gehbehinderung, beidseitiger Amelie oder Phokomelie oder mit vergleichbaren Funktionseinschränkungen sowie für blinde Menschen. e) Die Parkerlaubnis gilt nur, wenn der Parkschein, die Parkscheibe oder der Parkausweis gut lesbar ausgelegt oder angebracht ist. **Erläuterungen** 1. Der Anfang des erlaubten Parkens kann durch einen zur Fahrbahn weisenden waagerechten weißen Pfeil im Zeichen, das Ende durch einen solchen von der Fahrbahn wegweisenden Pfeil gekennzeichnet sein. Bei in der Strecke wiederholten Zeichen weist eine Pfeilspitze zur Fahrbahn, die zweite Pfeilspitze von ihr weg. 2. Im Zeichen ist bildlich dargestellt, wie die Fahrzeuge aufzustellen sind.

Lfd. Nr.	Zeichen und Zusatzzeichen	Ge- oder Verbote, Erläuterungen
11	Bild 318  Parkscheibe	

Abschnitt 4. Verkehrsberuhigter Bereich

Lfd. Nr.	Zeichen und Zusatzzeichen	Ge- oder Verbote, Erläuterungen
12	Zeichen 325.1  Beginn eines verkehrsberuhigten Bereichs	**Ge- oder Verbot** 1. Wer ein Fahrzeug führt, muss mit Schrittgeschwindigkeit fahren. 2. Wer ein Fahrzeug führt, darf den Fußgängerverkehr weder gefährden noch behindern; wenn nötig, muss gewartet werden. 3. Wer zu Fuß geht, darf den Fahrverkehr nicht unnötig behindern. 4. Wer ein Fahrzeug führt, darf außerhalb der dafür gekennzeichneten Flächen nicht parken, ausgenommen zum Ein- oder Aussteigen und zum Be- oder Entladen. 5. Wer zu Fuß geht, darf die Straße in ihrer ganzen Breite benutzen; Kinderspiele sind überall erlaubt.

Lfd. Nr.	Zeichen und Zusatzzeichen	Ge- oder Verbote, Erläuterungen
13	Zeichen 325.2  Ende eines verkehrsberuhigten Bereichs	**Erläuterung** Beim Ausfahren ist § 10 zu beachten.

Abschnitt 5. Tunnel

Lfd. Nr.	Zeichen und Zusatzzeichen	Ge- oder Verbote, Erläuterungen
14	Zeichen 327  Tunnel	**Ge- oder Verbote** 1. Wer ein Fahrzeug führt, muss beim Durchfahren des Tunnels Abblendlicht benutzen und darf im Tunnel nicht wenden. 2. Im Falle eines Notfalls oder einer Panne sollen nur vorhandene Nothalte- und Pannenbuchten genutzt werden.

Abschnitt 6. Nothalte- und Pannenbucht

Lfd. Nr.	Zeichen und Zusatzzeichen	Ge- oder Verbote, Erläuterungen
15	Zeichen 328  Nothalte- und Pannenbucht	**Ge- oder Verbot** Wer ein Fahrzeug führt, darf nur im Notfall oder bei einer Panne in einer Nothalte- und Pannenbucht halten.

Abschnitt 7. Autobahnen und Kraftfahrstraßen

Lfd. Nr.	Zeichen und Zusatzzeichen	Ge- oder Verbote, Erläuterungen
16	Zeichen 330.1  Autobahn	**Erläuterung** Ab diesem Zeichen gelten die Regeln für den Verkehr auf Autobahnen.
17	Zeichen 330.2  Ende der Autobahn	
18	Zeichen 331.1 	**Erläuterung** Ab diesem Zeichen gelten die Regeln für den Verkehr auf Kraftfahrstraßen.
19	Zeichen 331.2  Ende der Kraftfahrstraße	

Lfd. Nr.	Zeichen und Zusatzzeichen	Ge- oder Verbote, Erläuterungen
20	Zeichen 333  Ausfahrt von der Autobahn	**Erläuterung** Auf Kraftfahrstraßen oder autobahnähnlich ausgebauten Straßen weist das entsprechende Zeichen mit schwarzer Schrift auf gelbem Grund auf die Ausfahrt hin. Das Zeichen kann auch auf weißem Grund ausgeführt sein.
21	Zeichen 450  Ankündigungsbake	**Erläuterung** Das Zeichen steht 300 m, 200 m (wie abgebildet) und 100 m vor einem Autobahnknotenpunkt (Autobahnanschlussstelle, Autobahnkreuz oder Autobahndreieck). Es steht auch vor einer bewirtschafteten Rastanlage. Vor einem Knotenpunkt kann auf der 300 m-Bake die Nummer des Knotenpunktes angezeigt sein.

Abschnitt 8. Markierungen

Lfd. Nr.	Zeichen und Zusatzzeichen	Ge- oder Verbote, Erläuterungen
22	Zeichen 340  Leitlinie	**Ge- oder Verbot** 1. Wer ein Fahrzeug führt, darf Leitlinien nicht überfahren, wenn dadurch der Verkehr gefährdet wird. 2. Wer ein Fahrzeug führt, darf auf der Fahrbahn durch Leitlinien markierte Schutzstreifen für den Radverkehr nur bei Bedarf überfahren. Der Radverkehr darf dabei nicht gefährdet werden. 3. Wer ein Fahrzeug führt, darf auf durch Leitlinien markierten Schutzstreifen für den Radverkehr nicht parken.

Lfd. Nr.	Zeichen und Zusatzzeichen	Ge- oder Verbote, Erläuterungen
		Erläuterung Der Schutzstreifen für den Radverkehr ist in regelmäßigen Abständen mit dem Sinnbild „Radverkehr" auf der Fahrbahn gekennzeichnet.
23	Zeichen 341 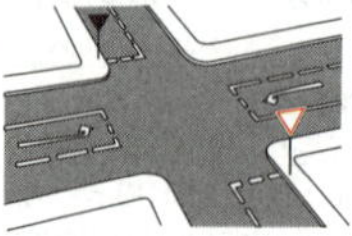 Wartelinie	**Erläuterung** Die Wartelinie empfiehlt dem Wartepflichtigen, an dieser Stelle zu warten.

Abschnitt 9. Hinweise

Lfd. Nr.	Zeichen und Zusatzzeichen	Ge- oder Verbote, Erläuterungen
24	Zeichen 350  Fußgängerüberweg	
25	Zeichen 354  Wasserschutzgebiet	

Lfd. Nr.	Zeichen und Zusatzzeichen	Ge- oder Verbote, Erläuterungen
26	Zeichen 356  Verkehrshelfer	
27	Zeichen 357  Sackgasse	**Erläuterung** Im oberen Teil des Verkehrszeichens kann die Durchlässigkeit der Sackgasse für den Radverkehr und/oder Fußgängerverkehr durch Piktogramme angezeigt sein.
Zu 28 und 29		**Erläuterung** 1. Durch solche Zeichen mit entsprechenden Sinnbildern können auch andere Hinweise gegeben werden, wie auf Fußgängerunter- oder -überführung, Fernsprecher, Notrufsäule, Pannenhilfe, Tankstellen, Zelt- und Wohnwageplätze, Autobahnhotel, Autobahngasthaus, Autobahnkiosk. 2. Auf Hotels, Gasthäuser und Kioske wird nur auf Autobahnen und nur dann hingewiesen, wenn es sich um Autobahnanlagen oder Autohöfe handelt.
28	Zeichen 358  Erste Hilfe	

Lfd. Nr.	Zeichen und Zusatzzeichen	Ge- oder Verbote, Erläuterungen
29	Zeichen 363  Polizei	
30	Zeichen 385  Ortshinweistafel	
Zu 31 und 32		**Erläuterung** Die Zeichen stehen außerhalb von Autobahnen. Sie dienen dem Hinweis auf touristisch bedeutsame Ziele und der Kennzeichnung des Verlauf touristischer Routen. Sie können auch als Wegweiser ausgeführt sein.
31	Zeichen 386.1  Touristischer Hinweis	
32	Zeichen 386.2  Touristische Route	
33	Zeichen 386.3  Touristische Unterrichtungstafel	**Erläuterung** Das Zeichen steht an der Autobahn. Es dient der Unterrichtung über touristisch bedeutsame Ziele.

Lfd. Nr.	Zeichen und Zusatzzeichen	Ge- oder Verbote, Erläuterungen
34	Zeichen 390  Mautpflicht nach dem Bundesfernstraßen-mautgesetz	
35	Zeichen 391  Mautpflichtige Strecke	
36	Zeichen 392  Zollstelle	
37	Zeichen 393  Informationstafel an Grenz-übergangsstellen	

Lfd. Nr.	Zeichen und Zusatzzeichen	Ge- oder Verbote, Erläuterungen
38	Zeichen 394  Laternenring	**Erläuterung** Das Zeichen kennzeichnet innerhalb geschlossener Ortschaften Laternen, die nicht die ganze Nacht leuchten. In dem roten Feld kann in weißer Schrift angegeben sein, wann die Laterne erlischt.

Abschnitt 10. Wegweisung

1. Nummernschilder

Lfd. Nr.	Zeichen und Zusatzzeichen	Ge- oder Verbote, Erläuterungen
39	Zeichen 401  Bundesstraßen	
40	Zeichen 405  Autobahnen	
41	Zeichen 406  Knotenpunkte der Autobahnen	**Erläuterung** So sind Knotenpunkte der Autobahnen (Autobahnausfahrten, Autobahnkreuze und Autobahndreiecke) beziffert.
42	Zeichen 410  Europastraßen	

2. Wegweiser außerhalb von Autobahnen

a) Vorwegweiser

Lfd. Nr.	Zeichen und Zusatzzeichen	Ge- oder Verbote, Erläuterungen
43	Zeichen 438 	
44	Zeichen 439 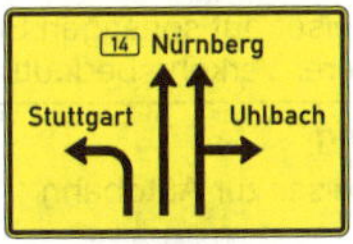	
45	Zeichen 440 	
46	Zeichen 441 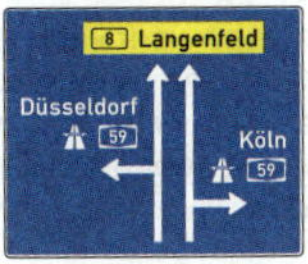	

b) Pfeilwegweiser

Lfd. Nr.	Zeichen und Zusatzzeichen	Ge- oder Verbote, Erläuterungen
Zu 47 bis 49		**Erläuterung** Das Zusatzzeichen „Nebenstrecke“ oder der Zusatz „Nebenstrecke“ im Wegweiser weist auf eine Straßenverbindung von untergeordneter Bedeutung hin.
47	Zeichen 415 	**Erläuterung** Pfeilwegweiser auf Bundesstraßen
48	Zeichen 418 	**Erläuterung** Pfeilwegweiser auf sonstigen Straßen
49	Zeichen 419 	**Erläuterung** Pfeilwegweiser auf sonstigen Straßen mit geringerer Verkehrsbedeutung
50	Zeichen 430 	**Erläuterung** Pfeilwegweiser zur Autobahn
51	Zeichen 432 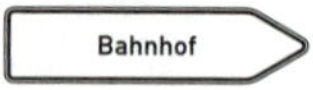	**Erläuterung** Pfeilwegweiser zu Zielen mit erheblicher Verkehrsbedeutung.

c) Tabellenwegweiser

Lfd. Nr.	Zeichen und Zusatzzeichen	Ge- oder Verbote, Erläuterungen
52	Zeichen 434 	**Erläuterung** Der Tabellenwegweiser kann auch auf einer Tafel zusammengefasst sein. Die Zielangaben in einer Richtung können auch auf separaten Tafeln gezeigt werden.

d) Ausfahrttafel

Lfd. Nr.	Zeichen und Zusatzzeichen	Ge- oder Verbote, Erläuterungen
53	Zeichen 332.1 	**Erläuterung** Ausfahrt von der Kraftfahrstraße oder einer autobahnähnlich ausgebauten Straße. Das Zeichen kann innerhalb geschlossener Ortschaften auch mit weißem Grund ausgeführt sein.

e) Straßennamensschilder

Lfd. Nr.	Zeichen und Zusatzzeichen	Ge- oder Verbote, Erläuterungen
54	Zeichen 437 	**Erläuterung** Das Zeichen hat entweder weiße Schrift auf dunklem Grund oder schwarze Schrift auf hellem Grund. Es kann auch an Bauwerken angebracht sein.

3. Wegweiser auf Autobahnen

a) Ankündigungstafeln

Lfd. Nr.	Zeichen und Zusatzzeichen	Ge- oder Verbote, Erläuterungen
Zu 55 und 58		**Erläuterung** Die Nummer (Zeichen 406) ist die laufende Nummer der Autobahnausfahrten, Autobahnkreuze und Autobahndreiecke der gerade befahrenen Autobahn. Sie dient der besseren Orientierung.

Lfd. Nr.	Zeichen und Zusatzzeichen	Ge- oder Verbote, Erläuterungen
55	Zeichen 448  	**Erläuterung** Das Zeichen weist auf eine Autobahnausfahrt, ein Autobahnkreuz oder Autobahndreieck hin. Es schließt Zeichen 406 ein.
56		**Erläuterung** Das Sinnbild weist auf eine Ausfahrt hin.
57		**Erläuterung** Das Sinnbild weist auf ein Autobahnkreuz oder Autobahndreieck hin; es weist auch auf Kreuze und Dreiecke von Autobahnen mit autobahnähnlich ausgebauten Straßen des nachgeordneten Netzes hin.
58	Zeichen 448.1  	**Erläuterung** 1. Mit dem Zeichen wird ein Autohof in unmittelbarer Nähe einer Autobahnausfahrt angekündigt. 2. Der Autohof wird einmal am rechten Fahrbahnrand 500 bis 1000 m vor dem Zeichen 448 angekündigt. Auf einem Zusatzzeichen wird durch grafische Symbole der Leistungsumfang des Autohofs dargestellt.

b) Vorwegweiser

Lfd. Nr.	Zeichen und Zusatzzeichen	Ge- oder Verbote, Erläuterungen
59	Zeichen 449 	

c) Ausfahrttafel

Lfd. Nr.	Zeichen und Zusatzzeichen	Ge- oder Verbote, Erläuterungen
60	Zeichen 332 	

d) Entfernungstafel

Lfd. Nr.	Zeichen und Zusatzzeichen	Ge- oder Verbote, Erläuterungen
61	Zeichen 453 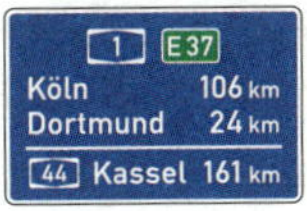	**Erläuterung** Die Entfernungstafel gibt Fernziele und die Entfernung zur jeweiligen Ortsmitte an. Ziele, die über eine andere als die gerade befahrene Autobahn zu erreichen sind, werden unterhalb des waagerechten Striches angegeben.

Abschnitt 11. Umleitungsbeschilderung

1. Umleitung außerhalb von Autobahnen

a) Umleitungen für bestimmte Verkehrsarten

Lfd. Nr.	Zeichen und Zusatzzeichen	Ge- oder Verbote, Erläuterungen
62	Zeichen 442  Vorwegweiser	**Erläuterung** Vorwegweiser für bestimmte Verkehrsarten
63	Zeichen 421 	**Erläuterung** Pfeilwegweiser für bestimmte Verkehrsarten
64	Zeichen 422 	**Erläuterung** Wegweiser für bestimmte Verkehrsarten

b) Temporäre Umleitungen (z. B. infolge von Baumaßnahmen)

Lfd. Nr.	Zeichen und Zusatzzeichen	Ge- oder Verbote, Erläuterungen
65		**Erläuterung** Der Verlauf der Umleitungsstrecke kann gekennzeichnet werden durch
66	Zeichen 454 	**Erläuterung** Umleitungswegweiser oder
67	Zeichen 455.1 	**Erläuterung** Fortsetzung der Umleitung
Zu 66 und 67		**Erläuterung** Die Zeichen 454 und 455.1 können durch eine Zielangabe auf einem Schild über den Zeichen ergänzt sein. Werden nur bestimmte Verkehrsarten umgeleitet, sind diese auf einem Zusatzzeichen über dem Zeichen angegeben.
68		**Erläuterung** Die temporäre Umleitung kann angekündigt sein durch Zeichen 455.1 oder
69	Zeichen 457.1 	**Erläuterung** Umleitungsankündigung
70		**Erläuterung** jedoch nur mit Entfernungsangabe auf einem Zusatzzeichen und bei Bedarf mit Zielangabe auf einem zusätzlichen Schild über dem Zeichen.

Lfd. Nr.	Zeichen und Zusatzzeichen	Ge- oder Verbote, Erläuterungen
71		**Erläuterung** Die Ankündigung kann auch erfolgen durch
72	Zeichen 458 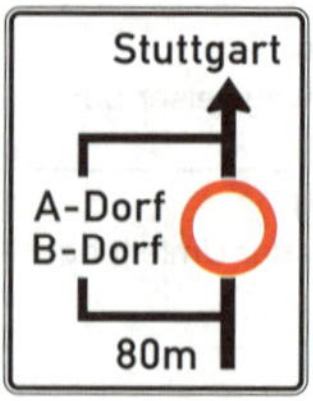	**Erläuterung** eine Planskizze
73		**Erläuterung** Das Ende der Umleitung kann angezeigt werden durch
74	Zeichen 457.2 	**Erläuterung** Ende der Umleitung oder
75	Zeichen 455.2 	**Erläuterung** Ende der Umleitung

2. Bedarfsumleitung für den Autobahnverkehr

Lfd. Nr.	Zeichen und Zusatzzeichen	Ge- oder Verbote, Erläuterungen
76	Zeichen 460  Bedarfsumleitung	**Erläuterung** Das Zeichen kennzeichnet eine alternative Streckenführung im nachgeordneten Straßennetz zwischen Autobahnanschlussstellen.
77	Zeichen 466  Weiterführende Bedarfsumleitung	**Erläuterung** Kann der umgeleitete Verkehr an der nach Zeichen 460 vorgesehenen Anschlussstelle noch nicht auf die Autobahn zurückgeleitet werden, wird er durch dieses Zeichen über die nächste Bedarfsumleitung weitergeführt.

Abschnitt 12. Sonstige Verkehrsführung

1. Umlenkungspfeil

Lfd. Nr.	Zeichen und Zusatzzeichen	Ge- oder Verbote, Erläuterungen
78	Zeichen 467.1 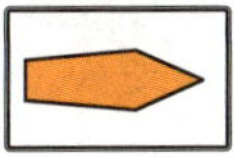 Umlenkungspfeil	**Erläuterung** Das Zeichen kennzeichnet Alternativstrecken auf Autobahnen, deren Benutzung im Bedarfsfall empfohlen wird (Streckenempfehlung).

Lfd. Nr.	Zeichen und Zusatzzeichen	Ge- oder Verbote, Erläuterungen
79	Zeichen 467.2 	**Erläuterung** Das Zeichen kennzeichnet das Ende einer Streckenempfehlung.

2. Verkehrslenkungstafeln

Lfd. Nr.	Zeichen und Zusatzzeichen	Ge- oder Verbote, Erläuterungen
80		**Erläuterung** Verkehrslenkungstafeln geben den Verlauf und die Anzahl der Fahrstreifen an, wie beispielsweise:
81	Zeichen 501  Überleitungstafel	**Erläuterung** Das Zeichen kündigt die Überleitungen des Verkehrs auf die Gegenfahrbahn an.
82	Zeichen 531  Einengungstafel	

Lfd. Nr.	Zeichen und Zusatzzeichen	Ge- oder Verbote, Erläuterungen
82.1		**Erläuterung** Bei Einengungstafeln wird mit dem Zusatzzeichen der Ort angekündigt, an dem der Fahrstreifenwechsel nach dem Reißverschlussverfahren (§ 7 Absatz 4) erfolgen soll.

3. Blockumfahrung

Lfd. Nr.	Zeichen und Zusatzzeichen	Ge- oder Verbote, Erläuterungen
83	Zeichen 590  Blockumfahrung	**Erläuterung** Das Zeichen kündigt eine durch die Zeichen „Vorgeschriebene Fahrtrichtung“ (Zeichen 209 bis 214) vorgegebene Verkehrsführung an.

Anlage 4
(zu § 43 Absatz 3)

Verkehrseinrichtung

Abschnitt 1. Einrichtungen zur Kennzeichnung von Arbeits- und Unfallstellen oder sonstigen vorübergehenden Hindernissen

Lfd. Nr.	Zeichen	Erläuterungen
1	Zeichen 600  Absperrschranke	
2	Zeichen 605  Leitbake Pfeilbake Schraffenbake	
3	Zeichen 628  Leitschwelle mit Pfeilbake mit Schraffenbake	

Lfd. Nr.	Zeichen	Erläuterungen
4	Zeichen 629  Leitbord mit Pfeil- bake / mit Schraffen- bake	
5	Zeichen 610  Leitkegel	
6	Zeichen 615  Fahrbare Absperrtafel	

Lfd. Nr.	Zeichen	Erläuterungen
7	Zeichen 616 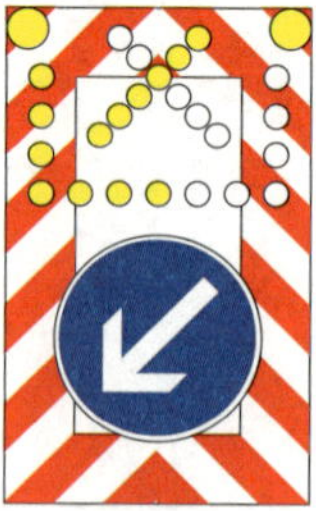 Fahrbare Absperrtafel mit Blinkpfeil	
Zu 1 bis 7		**Ge- oder Verbot** Die Einrichtungen verbieten das Befahren der so gekennzeichneten Straßenfläche und leiten den Verkehr an dieser Fläche vorbei. **Erläuterung** 1. Warnleuchten an diesen Einrichtungen zeigen rotes Licht, wenn die ganze Fahrbahn gesperrt ist, sonst gelbes Licht oder gelbes Blinklicht. 2. Zusammen mit der Absperrtafel können überfahrbare Warnschwellen verwendet sein, die quer zur Fahrtrichtung vor der Absperrtafel ausgelegt sind.

Abschnitt 2. Einrichtungen zur Kennzeichnung von dauerhaften Hindernissen oder sonstigen gefährlichen Stellen

Lfd. Nr.	Zeichen	Erläuterungen
8	Zeichen 625  Richtungstafel in Kurven	Die Richtungstafel in Kurven kann auch in aufgelöster Form angebracht sein.
9	Zeichen 626  Leitplatte	
10	Zeichen 627  Leitmal	Leitmale kennzeichnen in der Regel den Verkehr einschränkende Gegenstände. Ihre Ausführung richtet sich nach der senkrechten, waagerechten oder gewölbten Anbringung beispielsweise an Bauwerken, Bauteilen, Gerüsten.

Abschnitt 3. Einrichtungen zur Kennzeichnung des Straßenverlaufs

Lfd. Nr.	Zeichen	Erläuterungen
11	Zeichen 620 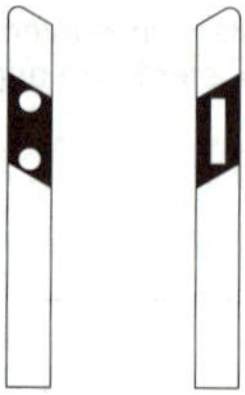 Leitpfosten (links) (rechts)	Um den Verlauf der Straße kenntlich zu machen, können an den Straßenseiten Leitpfosten in der Regel im Abstand von 50 m und in Kurven verdichtet stehen.

Abschnitt 4. Warntafel zur Kennzeichnung von Fahrzeugen und Anhängern bei Dunkelheit

Lfd. Nr.	Zeichen	Erläuterungen
12	Zeichen 630  Parkwarntafel	

Katalog der Verkehrszeichen[1]

– VzKat 2017 –

vom 22.5.2017 (BAnz. AT Nr. 29.5.2017 B 8)

– Auszug –

Teil 7:
Zusatzzeichen nach § 39 Absatz 3 StVO
Zusatzzeichen nach § 41 Absatz 2 StVO

Gliederungsübersicht[2]

I. Zusatzzeichen nach § 39 Absatz 3 StVO

1000–1014:	**Allgemeine Zusatzzeichen**
1000	Richtungsangaben durch Pfeile
1001	Länge einer Strecke
1002	Verlauf der Vorfahrtstraße
1004	Entfernungsangaben
1005	Entfernungsangaben mit verbalem Zusatz
1007	Hinweis auf Gefahren durch verbale Angabe
1008	Hinweise auf geänderte Vorfahrt, Verkehrsführung oder besondere Verkehrsregelung
1010	Hinweise durch Sinnbild
1012	Sonstige Hinweise durch verbale Angaben
1013	Besondere Hinweise zur Seitenstreifenfreigabe
1014	Tunnelkategorie gemäß ADR-Übereinkommen

II. Zusatzzeichen nach § 41 Absatz 2 StVO

1020–1031:	**Zusatzzeichen mit Ausnahmen („frei")**
1020	Personengruppen frei
1022	Einspurige Fahrzeuge frei
1024	Mehrspurige Fahrzeuge frei
1026	Besondere Fahrzeuge und Transportgüter frei (verbale Angabe)
1028	Sonstige Fahrzeug-, Personengruppen frei (verbale Angabe)
1031	Freistellung vom Verkehrsverbot nach § 40 Absatz 1 BImSchG

[1] Neu gef. durch Allg. VwV v. 22.5.2017 (BAnz. AT 29.5.2017 B 8).
[2] Nicht amtlich.

1040–1053:	**Beschränkte Zusatzzeichen**
1040	Zeitangaben ohne Beschränkung auf Wochentage
1042	Zeitangaben mit Beschränkung auf Wochentage
1044	Personengruppen
1048	Mehrspurige Fahrzeuge
1049	Sonstige oder mehrere mehrspurige Fahrzeuge
1050	Fahrzeuge (verbale Angaben)
1052	Fahrzeuge mit besonderer Ladung
1053	Sonstige Beschränkungen
1060:	**Erweiternde Zusatzzeichen**

I. Zusatzzeichen nach § 39 Absatz 3 StVO (allgemeine Zusatzzeichen)

Zeichen 1000: Richtungsangaben durch Pfeile

-10

-20

-11

-21

-12

-22

-13

-23

-34

-30

-31

-32

-33
gemäß § 53 Absatz 2 Nummer 3 StVO gültig bis zum 1. April 2017

Zeichen 1001: Länge einer Strecke

-33

-32

-30

Unternummer Z 1001: gemäß VwV-StVO in Tunneln
30: auf … m
31: auf … km
32: noch … m
33: noch … km

Unternummer Z 1001:
in Verb. m. Fahrstreifentafeln (Zeichen 521 ff.)
34: auf … m
35: auf … km

500 × 1250

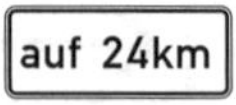

-35

-34

Zeichen 1002: Verlauf der Vorfahrtstraße

Unternummer Z 1002-
an Kreuzungen
10: von unten nach links
11: von oben nach links
20: von unten nach rechts
21: von oben nach rechts

-10

Unternummer Z 1002-
an Einmündungen
12: von unten nach links, Einmündung von oben
13: von unten nach links, Einmündung von rechts
14: von oben nach links, Einmündung von unten
22: von unten nach rechts, Einmündung von oben
23: von unten nach rechts, Einmündung von links
24: von oben nach rechts, Einmündung von unten

-12

Zeichen 1004: Entfernungsangaben

Unternummer Z 1004-
30: Entfernungsangabe in m[1), 2)]
31: Entfernungsangabe in km
32: Stop in 100 m

-32

-30

[1)] In Verb. m. Verkehrslenkungstafeln (Zeichen 501 ff.) auch in 500 x 1250.
[2)] Nur volle 50er.

Zeichen 1005: Entfernungsangaben mit verbalem Zusatz

Unternummer Z 1005:
30: Reißverschluss erst in „… m“
(in Verb. mit Einengungstafel
Zeichen 531 ff.)

500 × 1250

-30

Zeichen 1006: Hinweis auf Gefahren durch Sinnbild

-30

-31

Zeichen 1007: Hinweis auf Gefahren durch verbale Angabe

-30

-31

-32

-33

-34

-35

-36

-37

-38

-39

-50

-51

-52

-53

-54

-55

-56

-57

-58

-59

-60

-61

-62

Zeichen 1008: Hinweis auf geänderte Vorfahrt, Verkehrsführung oder besondere Verkehrsregelung

-30

-31

-32

-33

-34

Zeichen 1010: Hinweis durch Sinnbild

-10

-11

-12

-13

-14

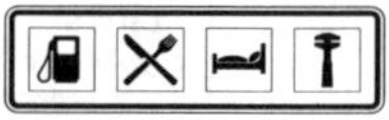

-15

Ausführung nach RWBA

-50

-51[1]

-52[1]

-53

-54

-55

-56[1]

-57[1]

-58[1]

-59[1]

-60[1]

-61[1]

-62[1]

-63[1]

-64

-65[1]

-66
nach EmoG

-67[1]

Zeichen 1012: Hinweis durch verbale Angabe

-30

-31

-32

-33

-34

-35

-36

-37

---

[1] Kann auch Teil eines beschränkenden Zusatzzeichen nach § 41 Absatz 2 StVO sein.

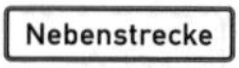

-38
Ausführung nach RWB

-50

-51

-52

-53

Zeichen 1013: besondere Hinweise zur Seitenstreifenfreigabe (in Verb. mit Zeichen 223.1 bis 221.3)

Unternummer Z 1013:
50: Seitenstreifen befahren
51: Seitenstreifen räumen
52: Ende in ... m

800 × 2250

-50

800 × 2250

-51

500 × 2250

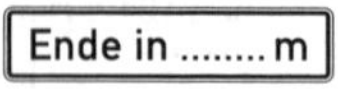

-52

Zeichen 1014: Tunnelkategorien gemäß ADR-Übereinkommen

Unternummer Z 1014:
50: Kategorie B
51: Kategorie C
52: Kategorie D
53: Kategorie E

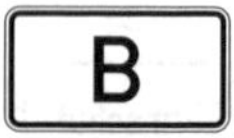

-50
Ausführung nach
VkBl. 2007 S. 703

II. Zusatzzeichen nach § 41 Absatz 2 StVO (Zusatzzeichen mit Ausnahmen)

Zeichen 1020: Personengruppen frei (verbal oder mit Sinnbild)

-11

-12

-13

-14

-30

-31

-32

Zeichen 1022: einspurige Fahrzeuge frei

-10

-11

-12

-13

-14

-15

Zeichen 1024: mehrspurige Fahrzeuge frei

-10

-11

-12

-13

-14

-15

-16

-17

-18

-19

-20
nach EmoG

Zeichen 1026: besondere Fahrzeuge und Transportgüter frei (verbale Angabe)

-30

-31

-32

-33

-34

-35

-36

-37

-38

-39

-60[1]

-61[1]

-62

-63

Zeichen 1028: sonstige Fahrzeug-, Personengruppen frei (verbale Angabe)

-30

-31

-32

-33

-34

Zeichen 1031: Freistellung vom Verkehrsverbot nach § 40 Absatz 1 BImSchG (in Verb. mit Zeichen 270.1)

Unternummer Z 1031-
50: rote, gelbe und grüne Plakette
51: gelbe und grüne Plakette
52: grüne Plakette

-50

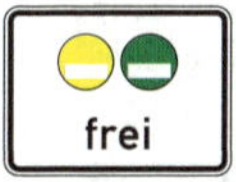

-51

-52

---

[1] Nach StVG.

Zeichen 1040: Zeitangaben Stunden ohne Beschränkung auf Wochentage

-10

-30

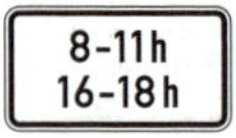

-31

-32

-33

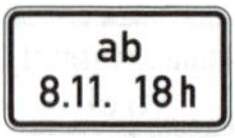

-34

-35

-36
zu Zeichen 101
oder 274

Zeichen 1042: Zeitangaben mit Beschränkung auf Wochentage

-30

-31

-32

-33

-34

-35

-36

-37

-38

-50

-51

-52

-53
zu Zeichen 101
oder 274

Zeichen 1044: Personengruppen

-10

-11

-12

-30

Zeichen 1046: einspurige Fahrzeuge

Als beschränkende Zusatzzeichen nach § 41 Abs. 2 StVO können für einspurige Fahrzeuge die Zeichen 1010-52, 1010-62, 1010-63 und 1010-65 angeordnet werden.

Zeichen 1048: mehrspurige Fahrzeuge

-14

-15

-18

-20

Als beschränkende Zusatzzeichen nach § 41 Abs. 2 StVO können für mehrspurige Fahrzeuge die Zeichen 1010-51, 1010-56, 1010-57, 1010-58, 1010-59, 1010-60 und 1010-67 angeordnet werden.

Zeichen 1049: sonstige oder mehrere mehrspurige Fahrzeuge

-11

-12

-13

Als beschränkende Zusatzzeichen nach § 41 Abs. 2 StVO kann für sonstige oder mehrere mehrspurige Fahrzeuge außerdem Zeichen 1010-61 angeordnet werden.

Zeichen 1050: Fahrzeuge (verbale Angabe)

-30

-31

-32

-33

Zeichen 1052: Fahrzeuge mit besonderer Ladung

-30

-31

Zeichen 1053: sonstige Beschränkungen

-30

-31

-32

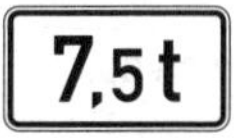

-33

-34

-35

-36

-37

-38

Anordnung als Kombination der Zeichen 1053-36 und -37 nur in Verbindung mit Zeichen 253

-39

-52

-53

Zeichen 1060: erweiternde Zusatzzeichen

-31

-32

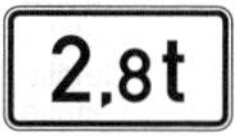

-33

Anordnung nur in Verbindung mit Zeichen 277

Anhang: Komplettübersicht zum Verkehrszeichenkatalog

Nr.:	Bezeichnung:
Gefahrzeichen nach Anlage 1 (zu § 40 Absatz 6 und 7 StVO)	
101	Gefahrstelle
101-10	Flugbetrieb – Aufstellung rechts
101-11	Fußgängerüberweg – Aufstellung rechts
101-12	Viehtrieb – Aufstellung rechts
101-13	Reiter – Aufstellung rechts
101-14	Amphibienwanderung – Aufstellung rechts
101-15	Steinschlag – Aufstellung rechts
101-20	Flugbetrieb – Aufstellung links
101-21	Fußgängerüberweg – Aufstellung links
101-22	Viehtrieb – Aufstellung links
101-23	Reiter – Aufstellung links
101-24	Amphibienwanderung – Aufstellung links
101-25	Steinschlag – Aufstellung links
101-51	Schnee- oder Eisglätte
101-52	Splitt, Schotter
101-53	Ufer
101-54	Unzureichendes Lichtraumprofil
101-55	Bewegliche Brücke
102	Kreuzung oder Einmündung
103	Kurve
103-10	Kurve – links
103-20	Kurve – rechts
105	Doppelkurve
105-10	Doppelkurve – zunächst links
105-20	Doppelkurve – zunächst rechts
108	Gefälle
108-4	Gefälle 4 %
108-5	Gefälle 5 %
108-6	Gefälle 6 %
108-7	Gefälle 7 %
108-8	Gefälle 8 %
108-9	Gefälle 9 %
108-10	Gefälle 10 %
108-11	Gefälle 11 %
108-12	Gefälle 12 %
108-13	Gefälle 13 %
108-14	Gefälle 14 %
108-15	Gefälle 15 %
108-16	Gefälle 16 %
108-17	Gefälle 17 %
108-18	Gefälle 18 %
108-19	Gefälle 19 %
108-20	Gefälle 20 %
108-21	Gefälle 21 %

Nr.:	Bezeichnung:
108-22	Gefälle 22 %
108-23	Gefälle 23 %
108-24	Gefälle 24 %
108-25	Gefälle 25 %
110	Steigung
110-4	Steigung 4 %
110-5	Steigung 5 %
110-6	Steigung 6 %
110-7	Steigung 7 %
110-8	Steigung 8 %
110-9	Steigung 9 %
110-10	Steigung 10 %
110-11	Steigung 11 %
110-12	Steigung 12 %
110-13	Steigung 13 %
110-14	Steigung 14 %
110-15	Steigung 15 %
110-16	Steigung 16 %
110-17	Steigung 17 %
110-18	Steigung 18 %
110-19	Steigung 19 %
110-20	Steigung 20 %
110-21	Steigung 21 %
110-22	Steigung 22 %
110-23	Steigung 23 %
110-24	Steigung 24 %
110-25	Steigung 25 %
112	Unebene Fahrbahn
114	Schleuder- oder Rutschgefahr
117	Seitenwind
117-10	Seitenwind von rechts
117-20	Seitenwind von links
120	Verengte Fahrbahn
121	Einseitig verengte Fahrbahn
121-10	Einseitig verengte Fahrbahn – Verengung rechts
121-20	Einseitig verengte Fahrbahn – Verengung links
123	Arbeitsstelle
124	Stau
125	Gegenverkehr
131	Lichtzeichenanlage
133	Fußgänger
133-10	Fußgänger – Aufstellung rechts
133-20	Fußgänger – Aufstellung links
136	Kinder
136-10	Kinder – Aufstellung rechts
136-20	Kinder – Aufstellung links

Nr.:	Bezeichnung:
138	Radverkehr
138-10	Radverkehr – Aufstellung rechts
138-20	Radverkehr – Aufstellung links
142	Wildwechsel
142-10	Wildwechsel – Aufstellung rechts
142-20	Wildwechsel – Aufstellung links
151	Bahnübergang
156	Bahnübergang mit dreistreifiger Bake
156-10	Bahnübergang mit dreistreifiger Bake – Aufstellung rechts
156-11	Bahnübergang mit dreistreifiger Bake mit Entfernungsangabe – Aufstellung rechts
156-20	Bahnübergang mit dreistreifiger Bake – Aufstellung links
156-21	Bahnübergang mit dreistreifiger Bake mit Entfernungsangabe – Aufstellung links
157	Dreistreifige Bake
157-10	Dreistreifige Bake – Aufstellung rechts
157-11	Dreistreifige Bake mit Entfernungsangabe – Aufstellung rechts
157-20	Dreistreifige Bake – Aufstellung links
157-21	Dreistreifige Bake mit Entfernungsangabe – Aufstellung links
159	Zweistreifige Bake
159-10	Zweistreifige Bake – Aufstellung rechts
159-11	Zweistreifige Bake mit Entfernungsangabe – Aufstellung rechts
159-20	Zweistreifige Bake – Aufstellung links
159-21	Zweistreifige Bake mit Entfernungsangabe – Aufstellung links
162	Einstreifige Bake
162-10	Einstreifige Bake – Aufstellung rechts
162-11	Einstreifige Bake mit Entfernungsangabe – Aufstellung rechts
162-20	Einstreifige Bake – Aufstellung links
162-21	Einstreifige Bake mit Entfernungsangabe – Aufstellung links
201	Andreaskreuz
201-50	Andreaskreuz – stehend
201-51	Andreaskreuz – stehend mit Blitzpfeil
201-52	Andreaskreuz – liegend
201-53	Andreaskreuz – liegend mit Blitzpfeil
205	Vorfahrt gewähren
206	Halt. Vorfahrt gewähren
208	Vorrang des Gegenverkehrs
209	Vorgeschriebene Fahrtrichtung – rechts
209-10	Vorgeschriebene Fahrtrichtung – links
209-30	Vorgeschriebene Fahrtrichtung – geradeaus
211	Vorgeschriebene Fahrtrichtung – hier rechts
211-10	Vorgeschriebene Fahrtrichtung – hier links
214	Vorgeschriebene Fahrtrichtung – geradeaus oder rechts
214-10	Vorgeschriebene Fahrtrichtung – geradeaus oder links
214-30	Vorgeschriebene Fahrtrichtung – rechts oder links

Nr.:	Bezeichnung:
215	Kreisverkehr
220	Einbahnstraße
220-10	Einbahnstraße – linksweisend
220-20	Einbahnstraße – rechtsweisend
220-40	Einbahnstraße – doppelseitig (-10/-20)
222	Vorgeschriebene Vorbeifahrt – rechts vorbei
222-10	Vorgeschriebene Vorbeifahrt – links vorbei
223.1	Seitenstreifen befahren
223.1-50	Seitenstreifen befahren – 2 Fahrstreifen + Seitenstreifen
223.1-51	Seitenstreifen befahren – 3 Fahrstreifen + Seitenstreifen
223.1-52	Seitenstreifen befahren – 4 Fahrstreifen + Seitenstreifen
223.2	Seitenstreifen nicht mehr befahren
223.2-50	Seitenstreifen nicht mehr befahren – 2 Fahrstreifen + Seitenstreifen
223.2-51	Seitenstreifen nicht mehr befahren – 3 Fahrstreifen + Seitenstreifen
223.2-52	Seitenstreifen nicht mehr befahren – 4 Fahrstreifen + Seitenstreifen
223.3	Seitenstreifen räumen
223.3-50	Seitenstreifen räumen – 2 Fahrstreifen + Seitenstreifen
223.3-51	Seitenstreifen räumen – 3 Fahrstreifen + Seitenstreifen
223.3-52	Seitenstreifen räumen – 4 Fahrstreifen + Seitenstreifen
224	Haltestelle
224-40	Haltestelle – doppelseitig
224-41	Schulbushaltestelle – doppelseitig
224-51	Schulbushaltestelle
229	Taxenstand
229-10	Taxenstand – Anfang – Aufstellung rechts
229-11	Taxenstand – Ende – Aufstellung links
229-20	Taxenstand – Ende – Aufstellung rechts
229-21	Taxenstand – Anfang – Aufstellung links
229-30	Taxenstand – Mitte – Aufstellung rechts
229-31	Taxenstand – Mitte – Aufstellung links
237	Radweg
238	Reitweg
239	Gehweg
240	Gemeinsamer Geh- und Radweg
241	Getrennter Rad- und Gehweg
241-30	Getrennter Rad- und Gehweg – Radweg links
241-31	Getrennter Rad- und Gehweg – Radweg rechts
242.1	Beginn einer Fußgängerzone
242.1-40	Beginn einer Fußgängerzone – doppelseitig (Rückseite Z 242.2)
242.2	Ende einer Fußgängerzone
244.1	Beginn einer Fahrradstraße
244.1-40	Beginn einer Fahrradstraße – doppelseitig (Rückseite Z 244.2)
244.2	Ende einer Fahrradstraße

Nr.:	Bezeichnung:
245	Bussonderfahrstreifen
250	Verbot für Fahrzeuge aller Art
251	Verbot für Kraftwagen
253	Verbot für Kraftfahrzeuge über 3,5 t
254	Verbot für Radverkehr
255	Verbot für Krafträder
257-50	Verbot für Mofas
257-51	Verbot für Reiter
257-52	Verbot für Gespannfuhrwerke
257-53	Verbot für Viehtrieb
257-54	Verbot für Kraftomnibusse
257-55	Verbot für Personenkraftwagen
257-56	Verbot für Personenkraftwagen mit Anhänger
257-57	Verbot für Lastkraftwagen mit Anhänger
257-58	Verbot für Kraftfahrzeuge und Züge, die nicht schneller als 25 km/h fahren können oder dürfen
259	Verbot für Fußgänger
260	Verbot für Kraftfahrzeuge
261	Verbot für kennzeichnungspflichtige Kraftfahrzeuge mit gefährlichen Gütern
262	Tatsächliche Masse (Unternummer steht jeweils für den Zahlenwert)
263	Tatsächliche Achslast (Unternummer steht jeweils für den Zahlenwert)
264	Tatsächliche Breite (Unternummer steht jeweils für den Zahlenwert)
265	Tatsächliche Höhe (Unternummer steht jeweils für den Zahlenwert)
266	Tatsächliche Länge (Unternummer steht jeweils für den Zahlenwert)
267	Verbot der Einfahrt
268	Schneeketten vorgeschrieben
269	Verbot für Fahrzeuge mit wassergefährdender Ladung
270.1	Beginn einer Verkehrsverbotszone zur Verminderung schädlicher Luftverunreinigungen in einer Zone
270.1-40	Beginn einer Verkehrsverbotszone zur Verminderung schädlicher Luftverunreinigungen in einer Zone – doppelseitig (Rückseite Z 270.2)
270.2	Ende einer Verkehrsverbotszone zur Verminderung schädlicher Luftverunreinigungen in einer Zone
272	Verbot des Wendens
273	Verbot des Unterschreitens des angegebenen Mindestabstandes (Unternummer steht jeweils für den Zahlenwert)

Nr.:	Bezeichnung:
274	Zulässige Höchstgeschwindigkeit
274-5	Zulässige Höchstgeschwindigkeit 5 km/h
274-10	Zulässige Höchstgeschwindigkeit 10 km/h
274-20	Zulässige Höchstgeschwindigkeit 20 km/h
274-30	Zulässige Höchstgeschwindigkeit 30 km/h
274-40	Zulässige Höchstgeschwindigkeit 40 km/h
274-50	Zulässige Höchstgeschwindigkeit 50 km/h
274-60	Zulässige Höchstgeschwindigkeit 60 km/h
274-70	Zulässige Höchstgeschwindigkeit 70 km/h
274-80	Zulässige Höchstgeschwindigkeit 80 km/h
274-90	Zulässige Höchstgeschwindigkeit 90 km/h
274-100	Zulässige Höchstgeschwindigkeit 100 km/h
274-110	Zulässige Höchstgeschwindigkeit 110 km/h
274-120	Zulässige Höchstgeschwindigkeit 120 km/h
274-130	Zulässige Höchstgeschwindigkeit 130 km/h
274.1	Beginn einer Tempo 30-Zone
274.1-20	Beginn einer Tempo 20-Zone in verkehrsberuhigten Geschäftsbereichen – einseitig
274.1-40	Beginn einer Tempo 30-Zone – doppelseitig (Rückseite Z 274.2)
274.1-41	Beginn einer Tempo 20-Zone in verkehrsberuhigten Geschäftsbereichen – doppelseitig (Rückseite Z 274.2-20)
274.2	Ende einer Tempo 30-Zone
274.2-20	Ende einer Tempo 20-Zone in verkehrsberuhigten Geschäftsbereichen
275	Vorgeschriebene Mindestgeschwindigkeit (Unternummer (nur volle Zehner) steht jeweils für den Zahlenwert)
276	Überholverbot für Kraftfahrzeuge aller Art
277	Überholverbot für Kraftfahrzeuge über 3,5 t
278	Ende der zulässigen Höchstgeschwindigkeit
278-5	Ende der zulässigen Höchstgeschwindigkeit 5 km/h
278-10	Ende der zulässigen Höchstgeschwindigkeit 10 km/h
278-20	Ende der zulässigen Höchstgeschwindigkeit 20 km/h
278-30	Ende der zulässigen Höchstgeschwindigkeit 30 km/h
278-40	Ende der zulässigen Höchstgeschwindigkeit 40 km/h
278-50	Ende der zulässigen Höchstgeschwindigkeit 50 km/h
278-60	Ende der zulässigen Höchstgeschwindigkeit 60 km/h
278-70	Ende der zulässigen Höchstgeschwindigkeit 70 km/h
278-80	Ende der zulässigen Höchstgeschwindigkeit 80 km/h
278-90	Ende der zulässigen Höchstgeschwindigkeit 90 km/h
278-100	Ende der zulässigen Höchstgeschwindigkeit 100 km/h
278-110	Ende der zulässigen Höchstgeschwindigkeit 110 km/h
278-120	Ende der zulässigen Höchstgeschwindigkeit 120 km/h
278-130	Ende der zulässigen Höchstgeschwindigkeit 130 km/h
279	Ende der vorgeschriebenen Mindestgeschwindigkeit (Unternummer (nur volle Zehner) steht jeweils für den Zahlenwert)

Nr.:	Bezeichnung:
280	Ende des Überholverbotes für Kraftfahrzeuge aller Art
281	Ende des Überholverbots für Kraftfahrzeuge über 3,5 t
282	Ende sämtlicher streckenbezogener Geschwindigkeitsbeschränkungen und Überholverbote
283	Absolutes Haltverbot
283-10	Absolutes Haltverbot – Anfang – Aufstellung rechts
283-11	Absolutes Haltverbot – Ende – Aufstellung links
283-20	Absolutes Haltverbot – Ende – Aufstellung rechts
283-21	Absolutes Haltverbot – Anfang – Aufstellung links
283-30	Absolutes Haltverbot – Mitte – Aufstellung rechts
283-31	Absolutes Haltverbot – Mitte – Aufstellung links
286	Eingeschränktes Haltverbot
286-10	Eingeschränktes Haltverbot – Anfang – Aufstellung rechts
286-11	Eingeschränktes Haltverbot – Ende – Aufstellung links
286-20	Eingeschränktes Haltverbot – Ende – Aufstellung rechts
286-21	Eingeschränktes Haltverbot – Anfang – Aufstellung links
286-30	Eingeschränktes Haltverbot – Mitte – Aufstellung rechts
286-31	Eingeschränktes Haltverbot – Mitte – Aufstellung links
290.1	Beginn eines eingeschränkten Haltverbotes für eine Zone
290.1-40	Beginn eines eingeschränkten Haltverbotes für eine Zone – doppelseitig (Rückseite Z 290.2)
290.2	Ende eines eingeschränkten Haltverbotes für eine Zone

Markierungen

293	Fußgängerüberweg
294	Haltlinie
295	Fahrstreifenbegrenzung und Fahrbahnbegrenzung
296	Einseitige Fahrstreifenbegrenzung
297	Pfeilmarkierungen
297.1	Vorankündigungspfeil
297.1-21	Vorankündigungspfeil – zur Anzeige eines Fahrstreifenendes
298	Sperrfläche
299	Grenzmarkierung für Halt- oder Parkverbote

Richtzeichen nach Anlage 3 (zu § 42 Absatz 2 StVO)

301	Vorfahrt
306	Vorfahrtstraße
307	Ende der Vorfahrtstraße
308	Vorrang vor dem Gegenverkehr
310	Ortstafel Vorderseite
310-40	Ortstafel Vorderseite – doppelseitig (Rückseite Z 311)
311	Ortstafel Rückseite

Nr.:	Bezeichnung:
314	Parken
314-10	Parken – Anfang (Aufstellung rechts) oder Ende (Aufstellung links)
314-20	Parken – Ende (Aufstellung rechts) oder Anfang (Aufstellung links)
314-30	Parken – Mitte (Aufstellung rechts oder links)
314-50	Parkhaus, Parkgarage
314.1	Beginn einer Parkraumbewirtschaftungszone
314.1-40	Beginn einer Parkraumbewirtschaftungszone – doppelseitig (Rückseite Z 314.2)
314.2	Ende einer Parkraumbewirtschaftungszone
315	Parken auf Gehwegen
315-50	Parken auf Gehwegen – halb in Fahrtrichtung links
315-51	Parken auf Gehwegen – halb in Fahrtrichtung links Anfang
315-52	Parken auf Gehwegen – halb in Fahrtrichtung links Ende
315-53	Parken auf Gehwegen – halb in Fahrtrichtung links Mitte
315-55	Parken auf Gehwegen – halb in Fahrtrichtung rechts
315-56	Parken auf Gehwegen – halb in Fahrtrichtung rechts Anfang
315-57	Parken auf Gehwegen – halb in Fahrtrichtung rechts Ende
315-58	Parken auf Gehwegen – halb in Fahrtrichtung rechts Mitte
315-60	Parken auf Gehwegen – ganz in Fahrtrichtung links
315-61	Parken auf Gehwegen – ganz in Fahrtrichtung links Anfang
315-62	Parken auf Gehwegen – ganz in Fahrtrichtung links Ende
315-63	Parken auf Gehwegen – ganz in Fahrtrichtung links Mitte
315-65	Parken auf Gehwegen – ganz in Fahrtrichtung rechts
315-66	Parken auf Gehwegen – ganz in Fahrtrichtung rechts Anfang
315-67	Parken auf Gehwegen – ganz in Fahrtrichtung rechts Ende
315-68	Parken auf Gehwegen – ganz in Fahrtrichtung rechts Mitte
315-70	Parken auf Gehwegen – halb quer zur Fahrtrichtung links
315-71	Parken auf Gehwegen – halb quer zur Fahrtrichtung links Anfang
315-72	Parken auf Gehwegen – halb quer zur Fahrtrichtung links Ende
315-73	Parken auf Gehwegen – halb quer zur Fahrtrichtung links Mitte
315-75	Parken auf Gehwegen – halb quer zur Fahrtrichtung rechts
315-76	Parken auf Gehwegen – halb quer zur Fahrtrichtung rechts Anfang
315-77	Parken auf Gehwegen – halb quer zur Fahrtrichtung rechts Ende
315-78	Parken auf Gehwegen – halb quer zur Fahrtrichtung rechts Mitte
315-80	Parken auf Gehwegen – ganz quer zur Fahrtrichtung links
3 15-81	Parken auf Gehwegen – ganz quer zur Fahrtrichtung links Anfang
315-82	Parken auf Gehwegen – ganz quer zur Fahrtrichtung links Ende
315-83	Parken auf Gehwegen – ganz quer zur Fahrtrichtung links Mitte
315-85	Parken auf Gehwegen – ganz quer zur Fahrtrichtung rechts
315-86	Parken auf Gehwegen – ganz quer zur Fahrtrichtung rechts Anfang

Nr.:	Bezeichnung:
315-87	Parken auf Gehwegen – ganz quer zur Fahrtrichtung rechts Ende
315-88	Parken auf Gehwegen – ganz quer zur Fahrtrichtung rechts Mitte
316	Parken und Reisen
316-50	Parken und Mitfahren
317	Wandererparkplatz
318	Parkscheibe
325.1	Beginn eines verkehrsberuhigten Bereichs
325.1-40	Beginn eines verkehrsberuhigten Bereichs – doppelseitig (Rückseite Z 325.2)
325.2	Ende eines verkehrsberuhigten Bereichs
327	Tunnel
327-50	Tunnel mit Längenangabe in m
327-51	Tunnel mit Längenangabe in km
328	Nothalte- und Pannenbucht
330.1	Autobahn
330.2	Ende der Autobahn
331.1	Kraftfahrstraße
331.2	Ende der Kraftfahrstraße
332	Ausfahrttafel auf der Autobahn
332.1	Ausfahrttafel auf anderen Straßen außerhalb der Autobahn
332.1-20	Ausfahrttafel auf anderen Straßen außerhalb der Autobahn – in weiß
333	Ausfahrt von der Autobahn
333.1	Ausfahrt von anderen Straßen außerhalb der Autobahn
333.1-20	Ausfahrt von anderen Straßen außerhalb der Autobahn – in weiß
340	Leitlinie
341	Wartelinie
350	Fußgängerüberweg
350-10	Fußgängerüberweg – Aufstellung rechts
350-20	Fußgängerüberweg – Aufstellung links
350-40	Fußgängerüberweg – doppelseitig (-10/-20)
354	Wasserschutzgebiet
356	Verkehrshelfer
357	Sackgasse
357-50	Sackgasse – für Radverkehr und Fußgänger durchlässige Sackgasse
357-51	Sackgasse – für Fußgänger durchlässige Sackgasse
357-52	Sackgasse – für Radverkehr durchlässige Sackgasse
358	Erste Hilfe
363	Polizei

Nr.:	Bezeichnung:
365-50	Fernsprecher
365-51	Notrufsäule
365-52	Tankstelle
365-53	Tankstelle mit Autogas
365-54	Tankstelle mit Erdgas
365-55	Autobahnhotel
365-56	Autobahngasthaus
365-57	Autobahnkiosk
365-58	Toilette
365-59	Autobahnkapelle
365-60	Zelt- und Wohnwagenplatz
365-61	Informationsstelle
365-62	Pannenhilfe
365-63	Fußgängerunterführung
365-64	Fußgängerüberführung
365-65	Ladestation für Elektrofahrzeuge
365-66	Wasserstofftankstelle
365-67	Wohnmobilplatz
365-68	Wohnmobil- und Wohnwagenplatz
385	Ortshinweistafel
386.1	Touristischer Hinweis
386.1-10	Touristischer Hinweis als Wegweiser – Wegweiser linksweisend
386.1-11	Touristischer Hinweis als Wegweiser – Vorwegweiser linksweisend
386.1-12	Touristischer Hinweis als Wegweiser – Pfeilwegweiser linksweisend
386.1-20	Touristischer Hinweis als Wegweiser – Wegweiser rechtsweisend
386.1-21	Touristischer Hinweis als Wegweiser – Vorwegweiser rechtsweisend
386.1-22	Touristischer Hinweis als Wegweiser – Pfeilwegweiser rechtsweisend
386.1-30	Touristischer Hinweis als Wegweiser – Vor-/Wegweiser geradeaus
386.1-40	Touristischer Hinweis als Wegweiser – Pfeilwegweiser doppelseitig
386.1-50	Touristischer Hinweis mit Bezugsziel – Variante „in"
386.1-51	Touristischer Hinweis mit Bezugsziel – Variante „via"
386.1-52	Touristischer Hinweis mit Bezugsziel – Variante „Richtung"
386.1-53	Touristischer Hinweis Fluss oder Kanal
386.2	Touristische Route
386.2-10	Touristische Route – Wegweiser linksweisend
386.2-11	Touristische Route – Vorwegweiser linksweisend
386.2-12	Touristische Route – Pfeilwegweiser linksweisend
386.2-20	Touristische Route – Wegweiser rechtsweisend
386.2-21	Touristische Route – Vorwegweiser rechtsweisend
386.2-22	Touristische Route – Pfeilwegweiser rechtsweisend

Nr.:	Bezeichnung:
386.2-30	Touristische Route – Vor-! Wegweiser geradeaus
386.2-40	Touristische Route – Pfeilwegweiser doppelseitig
386.2-51	Touristische Route – Hinweis mit Bezugsziel, Variante „via“
386.2-52	Touristische Route – Hinweis mit Bezugsziel, Variante „Richtung“
386.2-53	Touristische Route als Hinweisschild
386.3	Touristische Unterrichtungstafel
386.3-50	Touristische Unterrichtungstafel – Erinnerungstafel gemäß „Brocken-Erklärung“
390	Mautpflicht nach dem Bundesfernstraßenmautgesetz
390.2	Ende der Mautpflicht nach dem Bundesfernstraßenmautgesetz
391	Mautpflichtige Strecke
392	Zollstelle
393	Informationstafel an Grenzübergangsstellen
394	Laternenring
394-50	Laternenring – Schild
401	Bundesstraßen
405	Autobahnen
406	Knotenpunkte der Autobahnen
406-50	Knotenpunkte der Autobahnen – ein- oder zweistellige Nummer
406-51	Knotenpunkte der Autobahnen – drei- oder mehrstellige Nummer
410	Europastraßen
415	Pfeilwegweiser auf Bundesstraßen
415-10	Pfeilwegweiser auf Bundesstraßen – linksweisend
415-20	Pfeilwegweiser auf Bundesstraßen – rechtsweisend
415-40	Pfeilwegweiser auf Bundesstraßen – doppelseitig
418	Pfeilwegweiser auf sonstigen Straßen
418-10	Pfeilwegweiser auf sonstigen Straßen – linksweisend
418-20	Pfeilwegweiser auf sonstigen Straßen – rechtsweisend
418-40	Pfeilwegweiser auf sonstigen Straßen – doppelseitig
419	Pfeilwegweiser auf sonstigen Straßen mit geringerer Verkehrsbedeutung
419-10	Pfeilwegweiser auf sonstigen Straßen mit geringerer Verkehrsbedeutung – linksweisend
419-20	Pfeilwegweiser auf sonstigen Straßen mit geringerer Verkehrsbedeutung – rechtsweisend
419-40	Pfeilwegweiser auf sonstigen Straßen mit geringerer Verkehrsbedeutung – doppelseitig
421	Pfeilwegweiser für bestimmte Verkehrsarten
421-10	Pfeilwegweiser für bestimmte Verkehrsarten, KFZ mit einer zulässigen Gesamtmasse über 3,5 t – linksweisend
421-11	Pfeilwegweiser für bestimmte Verkehrsarten, kennzeichnungspflichtige Fahrzeuge mit gefährlichen Gütern – linksweisend

Nr.:	Bezeichnung:
421-12	Pfeilwegweiser für bestimmte Verkehrsarten, Fahrzeuge mit wassergefährdender Ladung – linksweisend
421-20	Pfeilwegweiser für bestimmte Verkehrsarten, KFZ mit einer zulässigen Gesamtmasse über 3,5 t – rechtsweisend
421-21	Pfeilwegweiser für bestimmte Verkehrsarten, kennzeichnungspflichtige Fahrzeuge mit gefährlichen Gütern – rechtsweisend
421-22	Pfeilwegweiser für bestimmte Verkehrsarten, Fahrzeuge mit wassergefährdender Ladung – rechtsweisend
421-40	Pfeilwegweiser für bestimmte Verkehrsarten, KFZ mit einer zulässigen Gesamtmasse über 3,5 t – doppelseitig
421-41	Pfeilwegweiser für bestimmte Verkehrsarten, kennzeichnungspflichtige Fahrzeuge mit gefährlichen Gütern – doppelseitig
421-42	Pfeilwegweiser für bestimmte Verkehrsarten, Fahrzeuge mit wassergefährdender Ladung – doppelseitig
422	Wegweiser für bestimmte Verkehrsarten
422-10	Wegweiser für bestimmte Verkehrsarten, KFZ mit einer zulässigen Gesamtmasse über 3,5 t – hier links
422-11	Wegweiser für bestimmte Verkehrsarten, KFZ mit einer zulässigen Gesamtmasse über 3,5 t – links einordnen
422-12	Wegweiser für bestimmte Verkehrsarten, Kennzeichnungspflichtige Fahrzeuge mit gefährlichen Gütern – hier links
422-13	Wegweiser für bestimmte Verkehrsarten, Kennzeichnungspflichtige Fahrzeuge mit gefährlichen Gütern – links einordnen
422-14	Wegweiser für bestimmte Verkehrsarten, Fahrzeuge mit wassergefährdender Ladung – hier links
422-15	Wegweiser für bestimmte Verkehrsarten, Fahrzeuge mit wassergefährdender Ladung – links einordnen
422-16	Wegweiser für bestimmte Verkehrsarten, Radverkehr – hier links
422-17	Wegweiser für bestimmte Verkehrsarten, Radverkehr – links einordnen
422-20	Wegweiser für bestimmte Verkehrsarten, KFZ mit einer zulässigen Gesamtmasse über 3,5 t – hier rechts
422-21	Wegweiser für bestimmte Verkehrsarten, KFZ mit einer zulässigen Gesamtmasse über 3,5 t – rechts einordnen
422-22	Wegweiser für bestimmte Verkehrsarten, Kennzeichnungspflichtige Fahrzeuge mit gefährlichen Gütern – hier rechts
422-23	Wegweiser für bestimmte Verkehrsarten, Kennzeichnungspflichtige Fahrzeuge mit gefährlichen Gütern – rechts einordnen
422-24	Wegweiser für bestimmte Verkehrsarten, Fahrzeuge mit wassergefährdender Ladung – hier rechts
422-25	Wegweiser für bestimmte Verkehrsarten, Fahrzeuge mit wassergefährdender Ladung – rechts einordnen
422-26	Wegweiser für bestimmte Verkehrsarten, Radverkehr – hier rechts
422-27	Wegweiser für bestimmte Verkehrsarten, Radverkehr – rechts einordnen

Nr.:	Bezeichnung:
422-30	Wegweiser für bestimmte Verkehrsarten, KFZ mit einer zulässigen Gesamtmasse über 3,5 t – geradeaus
422-32	Wegweiser für bestimmte Verkehrsarten, Kennzeichnungspflichtige Fahrzeuge mit gefährlichen Gütern – geradeaus
422-34	Wegweiser für bestimmte Verkehrsarten, Fahrzeuge mit wassergefährdender Ladung – geradeaus
422-36	Wegweiser für bestimmte Verkehrsarten, Radverkehr – geradeaus
430	Pfeilwegweiser zur Autobahn
430-10	Pfeilwegweiser zur Autobahn – linksweisend
430-20	Pfeilwegweiser zur Autobahn – rechtsweisend
430-40	Pfeilwegweiser zur Autobahn – doppelseitig
432	Pfeilwegweiser zu Zielen mit erheblicher Verkehrsbedeutung
432-10	Pfeilwegweiser zu Zielen mit erheblicher Verkehrsbedeutung – linksweisend
432-20	Pfeilwegweiser zu Zielen mit erheblicher Verkehrsbedeutung – rechtsweisend
432-40	Pfeilwegweiser zu Zielen mit erheblicher Verkehrsbedeutung – doppelseitig
434	Tabellenwegweiser
434-50	Tabellenwegweiser – kompakte Form
434-51	Tabellenwegweiser – teilaufgelöste Form
434-52	Tabellenwegweiser – aufgelöste Form (nur innerorts) mit Bundesstraßennummer
434-53	Tabellenwegweiser – aufgelöste Form (nur innerorts) ohne Bundesstraßennummer
437	Straßennamensschild
438	Vorwegweiser außerhalb von Autobahnen
439	Gegliederter Vorwegweiser außerhalb von Autobahnen
440	Vorwegweiser zur Autobahn
441	Gegliederter Vorwegweiser zur Autobahn
442	Vorwegweiser für bestimmte Verkehrsarten
442-10	KFZ mit einer zulässigen Gesamtmasse über 3,5 t – linksweisend
442-11	Kennzeichnungspflichtige Fahrzeuge mit gefährlichen Gütern – linksweisend
442-12	Fahrzeuge mit wassergefährdender Ladung – linksweisend
442-13	Radverkehr – linksweisend
442-20	KFZ mit einer zulässigen Gesamtmasse über 3,5 t – rechtsweisend
442-21	Kennzeichnungspflichtige Fahrzeuge mit gefährlichen Gütern – rechtsweisend
442-22	Fahrzeuge mit wassergefährdender Ladung – rechtsweisend
442-23	Radverkehr – rechtsweisend
442-50	KFZ mit einer zulässigen Gesamtmasse über 3,5 t – ohne Pfeilsymbol

Nr.:	Bezeichnung:
442-5 1	Kennzeichnungspflichtige Fahrzeuge mit gefährlichen Gütern – ohne Pfeilsymbol
442-52	Fahrzeuge mit wassergefährdender Ladung – ohne Pfeilsymbol
442-53	Radverkehr – ohne Pfeilsymbol
448	Ankündigungstafel
448-50	Ankündigungstafel – auf anderen Straßen außerhalb von Autobahnen
448.1	Autohof
449	Vorwegweiser auf Autobahnen
449-50	Vorwegweiser – auf anderen Straßen außerhalb von Autobahnen
450	Ankündigungsbake
450-50	Ankündigungsbake – einstreifig (100 m)
450-51	Ankündigungsbake – zweistreifig (200 m)
450-52	Ankündigungsbake – dreistreifig (300 m)
450-53	Ankündigungsbake – einstreifig (100 m, gelb)
450-54	Ankündigungsbake – zweistreifig (200 m, gelb)
450-55	Ankündigungsbake – dreistreifig (300 m, gelb)
453	Entfernungstafel
453-50	Entfernungstafel auf autobahnähnlich ausgebauten, zweibahnigen Straßen
454	Umleitungswegweiser
454-10	Umleitungswegweiser – linksweisend
454-20	Umleitungswegweiser – rechtsweisend
454-40	Umleitungswegweiser – doppelseitig
455.1	Ankündigung oder Fortsetzung der Umleitung
455.1-10	Ankündigung oder Fortsetzung der Umleitung – Vorankündigung links
455.1-11	Ankündigung oder Fortsetzung der Umleitung – hier links
455.1-12	Ankündigung oder Fortsetzung der Umleitung – links einordnen
455.1-20	Ankündigung oder Fortsetzung der Umleitung – Vorankündigung rechts
455.1-21	Ankündigung oder Fortsetzung der Umleitung – hier rechts
455.1-22	Ankündigung oder Fortsetzung der Umleitung – rechts einordnen
455.1-30	Ankündigung oder Fortsetzung der Umleitung – geradeaus
455.1-50	Ankündigung oder Fortsetzung der Umleitung – ohne Pfeilsymbol
455.2	Ende der Umleitung (in Verb. mit Z 455.1)
457.1	Umleitungsankündigung
457.2	Ende der Umleitung
458	Planskizze

Nr.:	Bezeichnung:
460	Bedarfsumleitung
460-10	Bedarfsumleitung – Vorankündigung links
460-11	Bedarfsumleitung – hier links
460-12	Bedarfsumleitung – links einordnen
460-20	Bedarfsumleitung – Vorankündigung rechts
460-21	Bedarfsumleitung – hier rechts
460-22	Bedarfsumleitung – rechts einordnen
460-30	Bedarfsumleitung – geradeaus
460-50	Bedarfsumleitung – ohne Pfeilsymbol
466	Weiterführende Bedarfsumleitung
467.1	Umlenkungspfeil (Streckenempfehlung)
467.1-10	Umlenkungspfeil (Streckenempfehlung) – linksweisend
467.1-20	Umlenkungspfeil (Streckenempfehlung) – rechtsweisend
467.1-30	Umlenkungspfeil (Streckenempfehlung) – geradeaus
467.2	Umlenkungspfeil Ende (Ende einer Streckenempfehlung)
501	Überleitungstafel – ohne Gegenverkehr
501-10	Überleitungstafel – ohne Gegenverkehr – 1-streifig nach links
501-11	Überleitungstafel – ohne Gegenverkehr – 2-streifig nach links
501-12	Überleitungstafel – ohne Gegenverkehr – 3-streifig nach links
501-13	Überleitungstafel – ohne Gegenverkehr – 2-streifig nach links, davon ein Fahrstreifen übergeleitet
501-14	Überleitungstafel – ohne Gegenverkehr – 3-streifig nach links, davon ein Fahrstreifen übergeleitet
501-15	Überleitungstafel – ohne Gegenverkehr – 3-streifig nach links, davon zwei Fahrstreifen übergeleitet
501-16	Überleitungstafel – ohne Gegenverkehr – 1-streifig nach links und 1-streifig geradeaus
501-17	Überleitungstafel – ohne Gegenverkehr – 1-streifig nach links und 2-streifig geradeaus
501-18	Überleitungstafel – ohne Gegenverkehr – 2-streifig nach links 1-streifig geradeaus
501-20	Überleitungstafel – ohne Gegenverkehr – 1-streifig nach rechts
501-21	Überleitungstafel – ohne Gegenverkehr – 2-streifig nach rechts
501-22	Überleitungstafel – ohne Gegenverkehr – 3-streifig nach rechts
501-23	Überleitungstafel – ohne Gegenverkehr – 2-streifig nach rechts, davon ein Fahrstreifen übergeleitet
501-24	Überleitungstafel – ohne Gegenverkehr – 3-streifig nach rechts, davon ein Fahrstreifen übergeleitet
501-25	Überleitungstafel – ohne Gegenverkehr – 3-streifig nach rechts, davon zwei Fahrstreifen übergeleitet
501-26	Überleitungstafel – ohne Gegenverkehr – 1-streifig nach rechts und 1-streifig geradeaus
501-27	Überleitungstafel – ohne Gegenverkehr – 1-streifig nach rechts und 2-streifig geradeaus
501-28	Überleitungstafel – ohne Gegenverkehr – 2-streifig nach rechts und 1-streifig geradeaus
505	Überleitungstafel – ohne Gegenverkehr mit integriertem Zeichen 264 StVO

Nr.:	Bezeichnung:
505-11	Überleitungstafel – ohne Gegenverkehr mit integriertem Zeichen 264 StVO – 2-streifig nach links
505-12	Überleitungstafel – ohne Gegenverkehr mit integriertem Zeichen 264 StVO – 3-streifig nach links
505-21	Überleitungstafel – ohne Gegenverkehr mit integriertem Zeichen 264 StVO – 2-streifig nach rechts
505-22	Überleitungstafel – ohne Gegenverkehr mit integriertem Zeichen 264 StVO – 3-streifig nach rechts
511	Verschwenkungstafel – ohne Gegenverkehr
511-10	Verschwenkungstafel – ohne Gegenverkehr – 1-streifig nach links
511-11	Verschwenkungstafel – ohne Gegenverkehr – 2-streifig nach links
511-12	Verschwenkungstafel – ohne Gegenverkehr – 3-streifig nach links
511-20	Verschwenkungstafel – ohne Gegenverkehr – 1-streifig nach rechts
511-21	Verschwenkungstafel – ohne Gegenverkehr – 2-streifig nach rechts
511-22	Verschwenkungstafel – ohne Gegenverkehr – 3-streifig nach rechts
511-25	Verschwenkungstafel – ohne Gegenverkehr – 1-streifige Verschwenkung auf den Seitenstreifen
511-26	Verschwenkungstafel – ohne Gegenverkehr – 2-streifige Verschwenkung, 1-streifig auf den Seitenstreifen
513	Verschwenkungstafel kurze Verschwenkung – ohne Gegenverkehr
513-10	Verschwenkungstafel kurze Verschwenkung – ohne Gegenverkehr – 1-streifig nach links
513-11	Verschwenkungstafel kurze Verschwenkung – ohne Gegenverkehr – 2-streifig nach links
513-20	Verschwenkungstafel kurze Verschwenkung – ohne Gegenverkehr – 1-streifig nach rechts
513-21	Verschwenkungstafel kurze Verschwenkung – ohne Gegenverkehr – 2-streifig nach rechts
514	Verschwenkungstafel kurze Verschwenkung – mit Gegenverkehr
514-10	Verschwenkungstafel kurze Verschwenkung – mit Gegenverkehr – 1-streifig nach links
514-20	Verschwenkungstafel kurze Verschwenkung – mit Gegenverkehr – 1-streifig nach rechts
515	Verschwenkungstafel – ohne Gegenverkehr mit integriertem Zeichen 264
515-11	Verschwenkungstafel – ohne Gegenverkehr mit integriertem Zeichen 264 – 2-streifig nach links
515-12	Verschwenkungstafel – ohne Gegenverkehr mit integriertem Zeichen 264 – 3-streifig nach links

Nr.:	Bezeichnung:
515-21	Verschwenkungstafel – ohne Gegenverkehr mit integriertem Zeichen 264 – 2-streifig nach rechts
515-22	Verschwenkungstafel – ohne Gegenverkehr mit integriertem Zeichen 264 – 3-streifig nach rechts
521	Fahrstreifentafel – ohne Gegenverkehr
521-30	Fahrstreifentafel – ohne Gegenverkehr – 2-streifig in Fahrtrichtung
521-31	Fahrstreifentafel – ohne Gegenverkehr – 3-streifig in Fahrtrichtung
521-32	Fahrstreifentafel – ohne Gegenverkehr – 4-streifig in Fahrtrichtung
521-33	Fahrstreifentafel – ohne Gegenverkehr – 5-streifig in Fahrtrichtung
522	Fahrstreifentafel – mit Gegenverkehr
522-30	Fahrstreifentafel – mit Gegenverkehr – 1-streifig in Fahrtrichtung und 1-streifig in Gegenrichtung
522-31	Fahrstreifentafel – mit Gegenverkehr – 2-streifig in Fahrtrichtung und 1-streifig in Gegenrichtung
522-32	Fahrstreifentafel – mit Gegenverkehr – 1-streifig in Fahrtrichtung und 2-streitig in Gegenrichtung
522-33	Fahrstreifentafel – mit Gegenverkehr – 2-streifig in Fahrtrichtung und 2-streifig in Gegenrichtung
522-34	Fahrstreifentafel – mit Gegenverkehr – 3-streifig in Fahrtrichtung und 2-streifig in Gegenrichtung
522-35	Fahrstreifentafel – mit Gegenverkehr – 2-streifig in Fahrtrichtung und 3-streifig in Gegenrichtung
522-36	Fahrstreifentafel – mit Gegenverkehr – 3-streifig in Fahrtrichtung und 3-streifig in Gegenrichtung
522-37	Fahrstreifentafel – mit Gegenverkehr – 3-streifig in Fahrtrichtung und 1-streifig in Gegenrichtung
522-38	Fahrstreifentafel – mit Gegenverkehr – 1-streifig in Fahrtrichtung und 3-streifig in Gegenrichtung
523	Fahrstreifentafel – ohne Gegenverkehr mit integrierten Zeichen 274
523-30	Fahrstreifentafel – ohne Gegenverkehr mit integrierten Zeichen 274 – 2-streifig in Fahrtrichtung
523-31	Fahrstreifentafel – ohne Gegenverkehr mit integrierten Zeichen 274 – 3-streifig in Fahrtrichtung
524	Fahrstreifentafel – ohne Gegenverkehr mit integriertem Zeichen 253
524-30	Fahrstreifentafel – ohne Gegenverkehr mit integriertem Zeichen 253 – 2-streifig in Fahrtrichtung
524-31	Fahrstreifentafel – ohne Gegenverkehr mit integriertem Zeichen 253 – 3-streifig in Fahrtrichtung
524-32	Fahrstreifentafel – ohne Gegenverkehr mit integriertem Zeichen 253 – 4-streifig in Fahrtrichtung
524-33	Fahrstreifentafel – ohne Gegenverkehr mit integriertem Zeichen 253 – 5-streifig in Fahrtrichtung

Nr.:	Bezeichnung:
525	Fahrstreifentafel – ohne Gegenverkehr mit integrierten Zeichen 275
525-31	Fahrstreifentafel – ohne Gegenverkehr mit integrierten Zeichen 275 – 3-streifig in Fahrtrichtung
526	Fahrstreifentafel – mit Gegenverkehr mit integriertem Zeichen 275
526-31	Fahrstreifentafel – mit Gegenverkehr mit integriertem Zeichen 275 – 2-streifig in Fahrtrichtung und 1-streifig in Gegenrichtung
526-33	Fahrstreifentafel – mit Gegenverkehr mit integriertem Zeichen 275 – 2-streifig in Fahrtrichtung und 2-streifig in Gegenrichtung
531	Einengungstafel – ohne Gegenverkehr
531-10	Einengungstafel – ohne Gegenverkehr – Einzug rechts, noch 1 Fahrstreifen
531-11	Einengungstafel – ohne Gegenverkehr – Einzug rechts, noch Fahrstreifen
531-12	Einengungstafel – ohne Gegenverkehr – Einzug rechts, noch 3 Fahrstreifen
531-13	Einengungstafel – ohne Gegenverkehr – Einzug rechts, noch 4 Fahrstreifen
531-20	Einengungstafel – ohne Gegenverkehr – Einzug links, noch 1 Fahrstreifen
531-21	Einengungstafel – ohne Gegenverkehr – Einzug links, noch 2 Fahrstreifen
531-22	Einengungstafel – ohne Gegenverkehr – Einzug links, noch 3 Fahrstreifen
531-23	Einengungstafel – ohne Gegenverkehr – Einzug links, noch 4 Fahrstreifen
532	Einengungstafel – mit Gegenverkehr
532-10	Einengungstafel – mit Gegenverkehr – Einzug rechts, noch 1 Fahrstreifen und 1 Fahrstreifen in Gegenrichtung
532-20	Einengungstafel – mit Gegenverkehr – Einzug links, noch 1 Fahrstreifen und 1 Fahrstreifen in Gegenrichtung
532-21	Einengungstafel – mit Gegenverkehr – Einzug links, noch 1 Fahrstreifen und 2 Fahrstreifen in Gegenrichtung
533	Trennungstafel
533-20	Trennungstafel – 2-streifig durchgehend und 1-streifig rechts ab
533-21	Trennungstafel – 3-streifig durchgehend und 1-streifig rechts ab
533-22	Trennungstafel – 2-streifig durchgehend und 2-streifig rechts ab
535	Einengungstafel – ohne Gegenverkehr mit integrierten Zeichen 279

Nr.:	Bezeichnung:
535-11	Einengungstafel – ohne Gegenverkehr mit integrierten Zeichen 279 – Einzug rechts, noch 2 Fahrstreifen in Fahrtrichtung
535-21	Einengungstafel – ohne Gegenverkehr mit integrierten Zeichen 279 – Einzug links, noch 2 Fahrstreifen in Fahrtrichtung
536	Einengungstafel – mit Gegenverkehr mit integriertem Zeichen 279
536-20	Einengungstafel – mit Gegenverkehr mit integriertem Zeichen 279 – Einzug links, noch 1 Fahrstreifen und 1 Fahrstreifen in Gegenrichtung
536-21	Einengungstafel – mit Gegenverkehr mit integriertem Zeichen 279 – Einzug links, noch 1 Fahrstreifen und 2 Fahrstreifen in Gegenrichtung
537	Fahrstreifentafel – ohne Gegenverkehr mit integrierten Zeichen 278
537-30	Fahrstreifentafel – ohne Gegenverkehr mit integrierten Zeichen 278 – 2-streifig in Fahrtrichtung
537-31	Fahrstreifentafel – ohne Gegenverkehr mit integrierten Zeichen 278 – 3-streifig in Fahrtrichtung
541	Aufweitungstafel – ohne Gegenverkehr
541-10	Aufweitungstafel – ohne Gegenverkehr – 1-streifig plus Fahrstreifen links
541-11	Aufweitungstafel – ohne Gegenverkehr – 2-streifig plus Fahrstreifen links
541-20	Aufweitungstafel – ohne Gegenverkehr – 1-streifig plus Fahrstreifen rechts
541-21	Aufweitungstafel – ohne Gegenverkehr – 2-streifig plus Fahrstreifen rechts
542	Aufweitungstafel – mit Gegenverkehr
542-10	Aufweitungstafel – mit Gegenverkehr – 1-streifig plus Fahrstreifen links und 1 Fahrstreifen in Gegenrichtung
542-11	Aufweitungstafel – mit Gegenverkehr – 1-streifig plus Fahrstreifen links und 2 Fahrstreifen in Gegenrichtung
545	Aufweitungstafel – ohne Gegenverkehr mit integrierten Zeichen 275
545-11	Aufweitungstafel – ohne Gegenverkehr mit integrierten Zeichen 275 – 2-streifig plus Fahrstreifen links
546	Aufweitungstafel – mit Gegenverkehr mit integriertem Zeichen 275
546-10	Aufweitungstafel – mit Gegenverkehr mit integriertem Zeichen 275 – 1-streifig plus Fahrstreifen links und 1 Fahrstreifen in Gegenrichtung
546-11	Aufweitungstafel – mit Gegenverkehr mit integriertem Zeichen 275 – 1-streifig plus Fahrstreifen links und 2 Fahrstreifen in Gegenrichtung

Nr.:	Bezeichnung:
550	Zusammenführungstafel – an durchgehender Strecke
550-20	Zusammenführungstafel – an durchgehender Strecke – 1-streifig plus 1 Fahrstreifen von rechts
550-21	Zusammenführungstafel – an durchgehender Strecke – 2-streifig plus 1 Fahrstreifen von rechts
550-22	Zusammenführungstafel – an durchgehender Strecke – 3-streifig plus 1 Fahrstreifen von rechts
550-23	Zusammenführungstafel – an durchgehender Strecke – 2-streifig plus 2 Fahrstreifen von rechts
550-24	Zusammenführungstafel – an durchgehender Strecke – 3-streifig plus 2 Fahrstreifen von rechts
551	Zusammenführungstafel – an einmündender Strecke
551-20	Zusammenführungstafel – an einmündender Strecke – 1-streifig einmündend plus 1-streifig durchgehend
551-21	Zusammenführungstafel – an einmündender Strecke – 1-streifig einmündend plus 2-streifig durchgehend
551-22	Zusammenführungstafel – an einmündender Strecke – 2-streifig einmündend plus 2-streifig durchgehend
551-23	Zusammenführungstafel – an einmündender Strecke – 2-streifig einmündend plus 3-streifig durchgehend
551-24	Zusammenführungstafel – an einmündender Strecke – 1-streifig einmündend plus 3-streifig durchgehend
590	Blockumfahrung
590-10	Blockumfahrung rechts, links, links
590-11	Blockumfahrung rechts, rechts, rechts

Verkehrseinrichtungen nach Anlage 4 (zu § 43 Absatz 3 StVO)

600	Absperrschranke
600-30	Absperrschranke – 100 x 800
600-31	Absperrschranke – 100 x 1200
600-32	Absperrschranke – 100 x 1600
600-33	Absperrschranke – 250 x 1200
600-34	Absperrschranke – 250 x 1600
600-35	Absperrschranke – 250 x 2000
600-36	Absperrschranke – 250 x 2400
600-37	Absperrschranke – 500 x 1600
600-38	Absperrschranke – 500 x 2000
600-39	Absperrschranke – 500 x 2400
600-60	Sperrpfosten (Schraffur waagerecht)
605	Leitbake
605-10	Leitbake – Schraffenbake – Aufstellung rechts
605-11	Leitbake – Pfeilbake – Aufstellung rechts
605-12	Leitbake – Warnbake – Aufstellung rechts
605-13	Leitbake – Warnlichtbake – Aufstellung rechts
605-14	Leitbake – Warnlichtbake mit integriertem Zeichen 222 – Aufstellung rechts mit Zeichen 222-10

Nr.:	Bezeichnung:
605-20	Leitbake – Schraffenbake – Aufstellung links
605-21	Leitbake – Pfeilbake – Aufstellung links
605-22	Leitbake – Warnbake – Aufstellung links
605-23	Leitbake – Warnlichtbake – Aufstellung links
605-24	Leitbake – Warnlichtbake mit integriertem Zeichen 222 – Aufstellung links mit Zeichen 222
605-40	Leitbake – Schraffenbake – doppelseitig (-10/-20)
605-41	Leitbake – Schraffenbake – doppelseitig (-20/-20)
605-42	Leitbake – Pfeilbake – doppelseitig (-11/-21)
605-43	Leitbake – Pfeilbake – doppelseitig (-21/-21)
605-44	Leitbake – Warnbake – doppelseitig (-12/-22)
605-45	Leitbake – Warnbake – doppelseitig (-22/-22)
610	Leitkegel
610-40	Leitkegel – Höhe = 300 (Ringhöhe 55 mm)
610-41	Leitkegel – Höhe = 500 (Ringhöhe 85 mm)
610-42	Leitkegel – Höhe = 750 (Ringhöhe 130 mm)
610-43	Leitkegel – Höhe = 1000 (Ringhöhe 180 mm)
615	Fahrbare Absperrtafel
616	Fahrbare Absperrtafel mit Blinkpfeil
616-30	Fahrbare Absperrtafel mit Blinkpfeil – große Ausführung (3600 x 2200)
616-31	Fahrbare Absperrtafel mit Blinkpfeil – kleine Ausführung (2500 x 1700)
620	Leitpfosten
620-40	Leitpfosten – rechts
620-41	Leitpfosten – links
625	Richtungstafel in Kurven
625-10	Richtungstafel in Kurven – linksweisend: 500 x 500
625-11	Richtungstafel in Kurven – linksweisend: 500 x 1500
625-12	Richtungstafel in Kurven – linksweisend: 500 x 2000
625-13	Richtungstafel in Kurven – linksweisend: 500 x 2500
625-20	Richtungstafel in Kurven – rechtsweisend: 500 x 500
625-21	Richtungstafel in Kurven – rechtsweisend: 500 x 1500
625-22	Richtungstafel in Kurven – rechtsweisend: 500 x 2000
625-23	Richtungstafel in Kurven – rechtsweisend: 500 x 2500
626	Leitplatte
626-10	Leitplatte – Aufstellung rechts
626-20	Leitplatte – Aufstellung links
626-30	Leitplatte – 750 x 500
626-3 1	Leitplatte – 1200 x 600
626-32	Leitplatte – 2500 x 500
627	Leitmal
627-10	Leitmal – Anbringung rechts (senkrecht)
627-20	Leitmal – Anbringung links (senkrecht)
627-30	Leitmal – waagerecht
627-50	Leitmal – gebogen
628	Leitschwelle mit Leitbake (Z 605)
628-10	Leitschwelle mit Leitbake (Z 605) – Aufstellung rechts (mit 605-10)

Nr.:	Bezeichnung:
628-11	Leitschwelle mit Leitbake (Z 605) – Aufstellung rechts (mit 605-11)
628-20	Leitschwelle mit Leitbake (Z 605) – Aufstellung links (mit 605-20)
628-21	Leitschwelle mit Leitbake (Z 605) – Aufstellung links (mit 605-21)
628-40	Leitschwelle mit Leitbake (Z 605) – doppelseitig (mit 605-40)
628-41	Leitschwelle mit Leitbake (Z 605) – doppelseitig (mit 605-41)
628-42	Leitschwelle mit Leitbake (Z 605) – doppelseitig (mit 605-42)
628-43	Leitschwelle mit Leitbake (Z 605) – doppelseitig (mit 605-43)
629	Leitbord mit Leitbake
629-10	Leitbord mit Leitbake – Aufstellung rechts (mit 605-10)
629-11	Leitbord mit Leitbake – Aufstellung rechts (mit 605-11)
629-20	Leitbord mit Leitbake – Aufstellung links (mit 605-20)
629-21	Leitbord mit Leitbake – Aufstellung links (mit 605-21)
629-40	Leitbord mit Leitbake – doppelseitig (mit 605-40)
629-41	Leitbord mit Leitbake – doppelseitig (mit 605-41)
629-42	Leitbord mit Leitbake – doppelseitig (mit 605-42)
629-43	Leitbord mit Leitbake – doppelseitig (mit 605-43)
630	Parkwarntafel
630-10	Parkwarntafel – links vorbei
630-20	Parkwarntafel – rechts vorbei

Sonstige Zeichen der StVO

720	Grünpfeilschild

Zusatzzeichen nach § 39 Absatz 3 StVO

Allgemeine Zusatzzeichen

1000	Richtungsangaben durch Pfeile
1000-10	Richtung, linksweisend
1000-11	Richtung der Gefahrstelle, linksweisend
1000-12	Fußgänger Gehweg gegenüber benutzen, linksweisend
1000-13	Umleitungsbeschilderung Dreiviertelkreis
1000-20	Richtung, rechtsweisend
1000-21	Richtung der Gefahrstelle, rechtsweisend
1000-22	Fußgänger Gehweg gegenüber benutzen, rechtsweisend
1000-23	Umleitungsbeschilderung Viertelkreis
1000-30	Beide Richtungen, zwei gegengerichtete waagerechte Pfeile
1000-31	Beide Richtungen, zwei gegengerichtete senkrechte Pfeile
1000-32	Radverkehr kreuzt von links und rechts
1000-33	Radverkehr im Gegenverkehr
1000-34	Umleitungsbeschilderung Halbkreis
1001	Länge einer Strecke
1001-30	Auf ... m
1001-31	Auf ... km
1001-32	noch ... m
1001-33	noch ... km
1001-34	auf ... m (verbal)
1001-35	auf ... km (verbal)

Nr.:	Bezeichnung:
1002	Verlauf der Vorfahrtstraße
1002-10	Verlauf der Vorfahrtstraße an Kreuzungen – von unten nach links
1002-11	Verlauf der Vorfahrtstraße an Kreuzungen – von oben nach links
1002-12	Verlauf der Vorfahrtstraße an Einmündungen – von unten nach links, Einmündung von oben
1002-13	Verlauf der Vorfahrtstraße an Einmündungen – von unten nach links, Einmündung von rechts
1002-14	Verlauf der Vorfahrtstraße an Einmündungen – von oben nach links, Einmündung von unten
1002-20	Verlauf der Vorfahrtstraße an Kreuzungen – von unten nach rechts
1002-21	Verlauf der Vorfahrtstraße an Kreuzungen – von oben nach rechts
1002-22	Verlauf der Vorfahrtstraße an Einmündungen – von unten nach rechts, Einmündung von oben
1002-23	Verlauf der Vorfahrtstraße an Einmündungen – von unten nach rechts, Einmündung von links
1002-24	Verlauf der Vorfahrtstraße an Einmündungen – von oben nach rechts, Einmündung von unten
1004	Entfernungsangaben
1004-30	Entfernungsangabe in m
1004-31	Entfernungsangabe in km
1004-32	Stop in 100 m
1005	Entfernungsangaben mit verbalem Zusatz
1005-30	Reißverschluss erst in ... m
1006	Hinweis auf Gefahren durch Sinnbild
1006-30	Schleudergefahr für Wohnwagengespanne an Gefällestrecken mit starkem Seitenwind auf Autobahnen
1006-31	Unfallgefahr
1007	Hinweis auf Gefahren durch verbale Angabe
1007-30	Ölspur
1007-31	Rauch
1007-32	Rollsplitt
1007-33	Baustellenausfahrt
1007-34	Straßenschäden
1007-35	Verschmutzte Fahrbahn
1007-36	Sprengarbeiten
1007-37	Ausfahrt
1007-38	Baustellenverkehr
1007-39	Fehlende Fahrbahnmarkierung
1007-50	Unfall
1007-51	Hochwasser
1007-52	Neuer Fahrbahnbelag
1007-53	Spurrinnen
1007-54	Linksabbieger
1007-55	Skiabfahrt kreuzt
1007-56	Skiwanderweg kreuzt
1007-57	Kuppe
1007-58	Polizeikontrolle
1007-59	Ende Seitenstreifen in 200 m
1007-60	Seitenstreifen nicht befahrbar
1007-61	Nebel
1007-62	Zufahrt

Nr.:	Bezeichnung:
1008	Hinweise auf geänderte Vorfahrt, Verkehrsführung oder besondere Verkehrsregelung
1008-30	Vorfahrt geändert
1008-31	Verkehrsführung geändert
1008-32	Industriegebiet Schienenfahrzeuge haben Vorrang (zu Zeichen 201 StVO)
1008-33	Hafengebiet Schienenfahrzeuge haben Vorrang (zu Zeichen 201 StVO)
1008-34	Keine Wendemöglichkeit
1010	Hinweise durch Sinnbild
1010-10	Erlaubt Kindern auch auf der Fahrbahn und dem Seitenstreifen zu spielen
1010-11	Wintersport erlaubt
1010-1	Kennzeichnung von Parkflächen, auf denen Anhänger auch länger als 14 Tage parken dürfen
1010-13	Kennzeichnung von Parkflächen, auf denen Wohnwagen auch länger als 14 Tage parken dürfen
1010-14	Information Rollende Landstraße
1010-15	Information Leistungsumfang (zu Z 448.1)
1010-50	Kraftwagen und sonstige mehrspurige Fahrzeuge
1010-51	Kraftfahrzeuge mit einer zulässigen Gesamtmasse über 3,5 t, einschließlich ihrer Anhänger, und Zugmaschinen, ausgenommen Personenkraftwagen und Kraftomnibusse
1010-52	Radverkehr
1010-53	Fußgänger
1010-54	Reiter
1010-55	Viehtrieb
1010-56	Straßenbahn
1010-57	Kraftomnibus
1010-58	Personenkraftwagen
1010-59	Personenkraftwagen mit Anhänger
1010-60	Lastkraftwagen mit Anhänger
1010-61	Kraftfahrzeuge und Züge, die nicht schneller als 25 km/h fahren können oder dürfen
1010-62	Krafträder, auch mit Beiwagen, Kleinkrafträder und Mopeds
1010-63	Mofas
1010-64	Gespannfuhrwerk
1010-65	E-Bikes
1010-66	Elektrisch betriebene Fahrzeuge
1010-67	Wohnmobile
1012	Sonstige Hinweise durch verbale Angaben
1012-30	Ladezone
1012-31	Ende
1012-32	Radfahrer absteigen
1012-33	Keine Mofas
1012-34	Grüne Welle bei xx km/h
1012-35	Bei Rot hier halten
1012-36	Lärmschutz
1012-37	Zuflussregelung
1012-38	Nebenstrecke
1012-50	Schule
1012-51	Kindergarten

Nr.:	Bezeichnung:
1012-52	Altenheim
1012-53	Krankenhaus
1013	Besondere Hinweise zur Seitenstreifenfreigabe
1013-50	Seitenstreifen befahren
1013-51	Seitenstreifen räumen
1013-52	Ende in ... m
1014	Tunnelkategorie gemäß ADR-Übereinkommen
1014-50	Tunnelkategorie gemäß ADR-Übereinkommen – B
1014-51	Tunnelkategorie gemäß ADR-Übereinkommen – C
1014-52	Tunnelkategorie gemäß ADR-Übereinkommen – D
1014-53	Tunnelkategorie gemäß ADR-Übereinkommen – E

Zusatzzeichen nach § 41 Absatz 2 StVO

Zusatzzeichen mit Ausnahmen („frei")

1020	Personengruppen frei
1020-11	Schwerbehinderte mit Parkausweis Nr. ... frei
1020-12	Radverkehr und Anlieger frei
1020-13	Inline-Skaten und Rollschuhfahren zugelassen
1020-14	Wintersport frei
1020-30	Anlieger frei
1020-31	Anlieger oder Parken frei
1020-32	Bewohner mit Parkausweis Nr. … frei
1022	Einspurige Fahrzeuge frei
1022-10	Radverkehr frei
1022-11	Mofas frei
1022-12	Krafträder, auch mit Beiwagen, Kleinkrafträder und Mofas frei
1022-13	E-Bikes frei
1022-14	Radverkehr und Mofas frei
1022-15	E-Bikes und Mofas frei
1024	Mehrspurige Fahrzeuge frei
1024-10	Personenkraftwagen frei
1024-11	Personenkraftwagen mit Anhänger frei
1024-12	Kraftfahrzeuge mit einer zulässigen Gesamtmasse über 3,5 t, einschließlich ihrer Anhänger, und Zugmaschinen, ausgenommen Personenkraftwagen und Kraftomnibusse frei
1024-13	Lastkraftwagen mit Anhänger frei
1024-14	Kraftomnibus frei
1024-15	Schienenbahn frei
1024-16	Straßenbahn frei
1024-17	Kraftfahrzeuge und Züge, die nicht schneller als 25 km/h fahren können oder dürfen frei
1024-18	Gespannfuhrwerke frei
1024-19	Wohnmobile mit einer zulässigen Gesamtmasse bis 7,5 t ausgenommen
1024-20	Elektrisch betriebene Fahrzeuge frei
1026	Besondere Fahrzeuge und Transportgüter frei (verbale Angabe)
1026-30	Taxi frei
1026-31	Kraftomnibusse im Gelegenheitsverkehr frei
1026-32	Linienverkehr frei
1026-33	Einsatzfahrzeuge frei

Nr.:	Bezeichnung:
1026-34	Krankenfahrzeuge frei
1026-35	Lieferverkehr frei
1026-36	Landwirtschaftlicher Verkehr frei
1026-37	Forstwirtschaftlicher Verkehr frei
1026-38	Land- und forstwirtschaftlicher Verkehr frei
1026-39	Betriebs- und Versorgungsdienst frei
1026-60	Elektrofahrzeuge während des Ladevorgangs frei
1026-61	Elektrofahrzeuge frei
1026-62	Gülletransport frei
1026-63	E-Bikes frei
1028	Sonstige Fahrzeug-, Personengruppen frei (verbale Angabe)
1028-30	Baustellenfahrzeuge frei
1028-31	Bis Baustelle frei
1028-32	Anlieger bis Baustelle frei
1028-33	Zufahrt bis ... frei
1028-34	Fährbenutzer frei
1031	Freistellung vom Verkehrsverbot nach § 40 Absatz 1 BImSchG
1031-50	Freistellung vom Verkehrsverbot nach § 40 Absatz 1 BImSchG – rote, gelbe und grüne Plakette
1031-51	Freistellung vom Verkehrsverbot nach § 40 Absatz 1 BImSchG – gelbe und grüne Plakette
1031-52	Freistellung vom Verkehrsverbot nach § 40 Absatz 1 BImSchG – grüne Plakette Beschränkende Zusatzzeichen
1040	Zeitangaben ohne Beschränkung auf Wochentage
1040-10	Wintersport erlaubt, zeitlich beschränkt (10–16 h)
1040-30	Zeitliche Beschränkung (16–18 h)
1040-31	Zeitliche Beschränkung (8–11 h, 16–18 h)
1040-32	Parkscheibe 2 Stunden
1040-33	Parken mit Parkscheibe in gekennzeichneten Flächen 2 Stunden
1040-34	Ab Zeitpunkt
1040-35	Lärmschutz (mit Zeitangabe)
1040-36	Schulweg i. V. m. zeitlicher Begrenzung (zu Z 101 oder 274)
1042	Zeitangaben mit Beschränkung auf Wochentage
1042-30	Zeitliche Beschränkung (werktags)
1042-31	Zeitliche Beschränkung (werktags 18–19 h)
1042-32	Zeitliche Beschränkung (werktags 8:30–11:30 h, 16–18 h)
1042-33	Zeitliche Beschränkung (Mo–Fr, 16–18 h)
1042-34	Zeitliche Beschränkung (Di, Do, Fr, 16–18 h)
1042-35	Zeitliche Beschränkung (6–22 h an Sonn- und Feiertagen)
1042-36	Schulbus (tageszeitliche Benutzung)
1042-37	Parken Sa und So erlaubt
1042-38	Werktags außer samstags
1042-50	Straßenreinigung (mit Zeit- und Datumsangabe)
1042-51	Sa und So
1042-52	Sa, So und an Feiertagen
1042-53	Schulweg i. V. m. zeitlicher Begrenzung an Werktagen (zu Z 101 oder 274)
1044	Personengruppen
1044-10	Nur Schwerbehinderte mit außergewöhnlicher Gehbehinderung und Blinde

Nr.:	Bezeichnung:
1044-11	Nur Schwerbehinderte mit Parkausweis Nr. ...
1044-12	Nur Schwerbehinderte mit außergewöhnlicher Gehbehinderung und Blinde, mit Anzahl der Parkstände
1044-30	Nur Bewohner mit Parkausweis Nr. ...
1048	Mehrspurige Fahrzeuge
1048-14	Nur Sattelkraftfahrzeuge
1048-15	Nur Sattelkraftfahrzeuge und Lastkraftwagen mit Anhänger
1048-18	Nur Schienenbahnen
1048-20	Nur Personenkraftwagen mit Anhänger und Kraftfahrzeuge mit einer zulässigen Gesamtmasse über 3,5 t, einschließlich ihrer Anhänger, und Zugmaschinen, ausgenommen Personenkraftwagen und Kraftomnibusse
1049	Sonstige oder mehrere mehrspurige Fahrzeuge
1049-11	Kraftfahrzeuge und Züge, die nicht schneller als 25 km/h fahren können oder dürfen, dürfen überholt werden
1049-12	Nur militärische Kettenfahrzeuge
1049-13	Nur Lkw (Zeichen 1010-51), Kraftomnibus (Zeichen 1010-57) und Pkw mit Anhänger (Zeichen 1010-59)
1050	Fahrzeuge (verbale Angabe)
1050-30	Taxi
1050-31	Taxen
1050-32	Elektrofahrzeuge während des Ladevorgangs
1050-33	Elektrofahrzeuge
1052	Fahrzeuge mit besonderer Ladung
1052-30	Nur kennzeichnungspflichtige Kraftfahrzeuge mit gefährlichen Gütern
1052-31	Nur Fahrzeuge mit wassergefährdender Ladung
1053	Sonstige Beschränkungen
1053-30	Parken in gekennzeichneten Flächen erlaubt
1053-31	Mit Parkschein
1053-32	Gebührenpflichtig
1053-33	Massenangabe – 7,5 t
1053-34	Auf dem Seitenstreifen
1053-35	Bei Nässe
1053-36	Durchgangsverkehr
1053-37	Massenangabe – 12 t
1053-38	Querparken als Sinnbild
1053-39	Schrägparken als Sinnbild
1053-52	Nur innerhalb gekennzeichneter Parkflächen
1053-53	Parken mit Parkschein in gekennzeichneten Flächen

Erweiternde Zusatzzeichen

1060	Erweiternde Zusatzzeichen
1060-31	Haltverbot auch auf dem Seitenstreifen
1060-32	Auch Kraftomnibusse und PKW mit Anhängern (im Bereich von LKW-Kontrollen)
1060-33	Massenangabe – 2,8 t

Sachverzeichnis

Die mageren Zahlen bezeichnen die Paragraphen der StVO

Sachverzeichnis

Sachverzeichnis

Sachverzeichnis

Zahlen = Paragraphen